铁路客运服务礼仪

主　编　卢春华　刘颖昇
副主编　吴　曦　谢金丹

北京理工大学出版社
BEIJING INSTITUTE OF TECHNOLOGY PRESS

版权专有 侵权必究

图书在版编目（CIP）数据

铁路客运服务礼仪／卢春华，刘颖异主编.--北京：北京理工大学出版社，2018.8（2025.1 重印）

ISBN 978-7-5682-5895-1

Ⅰ. ①铁… Ⅱ. ①卢… ②刘… Ⅲ. ①铁路运输－旅客运输－礼仪 Ⅳ. ①U293.3

中国版本图书馆 CIP 数据核字（2018）第 158715 号

责任编辑：王晓莉	**文案编辑**：王晓莉
责任校对：周瑞红	**责任印制**：李志强

出版发行 ／ 北京理工大学出版社有限责任公司
社　　址 ／ 北京市丰台区四合庄路 6 号
邮　　编 ／ 100070
电　　话 ／ （010）68914026（教材售后服务热线）
　　　　　　　（010）63726648（课件资源服务热线）
网　　址 ／ http://www.bitpress.com.cn
版 印 次 ／ 2025 年 1 月第 1 版第 4 次印刷
印　　刷 ／ 廊坊市印艺阁数字科技有限公司
开　　本 ／ 710 mm×1000 mm　1/16
印　　张 ／ 10
字　　数 ／ 153 千字
定　　价 ／ 35.00 元

图书出现印装质量问题，请拨打售后服务热线，负责调换

前　言

铁路客运服务礼仪是一种与旅客交往过程中所应具有的相互尊重、亲善和友好的行为规范和艺术，是"以客为尊、以人为本"理念的具体体现，也是铁路优质服务的重要组成部分。

目前，随着我国国民经济的快速发展和国内国际人员交流的不断扩大，旅客运输量呈全面快速增长的态势。铁路、民航、公路对客运市场的目标争夺越发激烈，在长、中、短途旅客运输中出现互相渗透的迹象和趋势。

对广大铁路客运服务人员来讲，规范、优雅的服务礼仪能够展示客运员工的外在美和内在修养，能够更容易拉近与旅客的距离，提高旅客的满意度和忠诚度，提升铁路的企业形象，实现铁路优质服务品牌的增值。

提升自己的服务礼仪水平和质量，除了要加强爱岗敬业和职业道德教育，提高自己的服务意识，掌握整个服务过程中旅客的需求外，还要从服务形象、服务礼仪等基础的技能培训着手，认识到服务意识是前提、服务技能是基础，不断改进服务工作、提升服务礼仪水平，树立铁路服务的良好窗口形象。

本书由卢春华（四平职业大学）、刘颖异（长春信息职业技术学院）任主编，吴曦（吉林电子信息职业技术学院）、谢金丹（四平职业大学）任副主编。我们针对铁路客运服务礼仪的现状和在日常教学和铁路职工培训中的积累，编写了这本《铁路客运服务礼仪》教材。

在本书编写过程中，我们参考、借鉴了国内外一些专家学者的著作并引用了部分相关材料，得到了多方的大力帮助，在此一并表示感谢！

由于编者的学识、经验的局限，本书在编写的过程中难免会出现一些错误和纰漏，敬请专家、同行和广大师生给予批评指正。

目　录

项目一　服务礼仪基础知识 ……………………………………（1）
    一、铁路客运服务概述 ………………………………………（1）
    二、铁路客运服务礼仪 ………………………………………（3）
    三、接待礼仪的内容 …………………………………………（6）

项目二　铁路客运服务人员的形象礼仪 ………………………（8）
  任务一　铁路客运服务人员的仪容礼仪 …………………………（8）
    一、发型发式 …………………………………………………（9）
    二、护肤 ………………………………………………………（11）
    三、化妆 ………………………………………………………（14）
    四、卸妆 ………………………………………………………（16）
  任务二　铁路客运服务人员的仪表礼仪 …………………………（18）
    一、着装原则 …………………………………………………（19）
    二、西装的穿着规范 …………………………………………（21）
    三、职业装穿着规范 …………………………………………（26）
    四、佩饰佩戴规范 ……………………………………………（30）
  任务三　铁路客运服务人员的仪态礼仪 …………………………（32）
    一、面部仪态 …………………………………………………（33）
    二、静态礼仪 …………………………………………………（37）

三、动态礼仪 …………………………………………………… (43)

项目三　铁路客运服务人员的服务语言礼仪 ………………… (54)

任务一　服务语言礼仪概述 ………………………………… (54)
　　一、礼貌用语 …………………………………………………… (55)
　　二、见面礼节 …………………………………………………… (59)

任务二　铁路客运服务用语 ………………………………… (70)
　　一、客运服务基本用语 ………………………………………… (71)
　　二、客运服务广播用语 ………………………………………… (75)

任务三　铁路客运服务沟通技巧 …………………………… (80)
　　一、有效沟通的特点 …………………………………………… (80)
　　二、有效沟通的关键 …………………………………………… (81)
　　三、服务沟通的技巧 …………………………………………… (83)
　　四、处理投诉的沟通 …………………………………………… (88)

项目四　铁路客运服务人员常用服务礼仪 …………………… (92)

任务一　铁路客运服务人员车站服务礼仪 ………………… (92)
　子任务一　问询服务 …………………………………………… (92)
　　一、问询服务 …………………………………………………… (93)
　　二、问询服务礼仪规范 ………………………………………… (94)
　子任务二　售票服务 …………………………………………… (95)
　　一、售票服务 …………………………………………………… (95)
　　二、售票处服务礼仪 …………………………………………… (96)
　子任务三　安检服务 …………………………………………… (97)
　　一、行包安检制度 ……………………………………………… (97)
　　二、安全检查礼仪 ……………………………………………… (100)
　子任务四　检票服务 …………………………………………… (101)
　　一、符合服务规范 ……………………………………………… (103)
　　二、严格遵循工作程序 ………………………………………… (103)
　　三、语气平和，态度亲切 ……………………………………… (103)
　子任务五　站台服务 …………………………………………… (105)

子任务六　出站服务 …………………………………………（106）

任务二　铁路客运服务人员列车服务礼仪 ……………………（108）

　　子任务一　列车员服务 ………………………………………（108）

　　　一、动车组列车乘务员 ……………………………………（109）

　　　二、其他旅客列车列车员 …………………………………（110）

　　子任务二　列车长服务 ………………………………………（115）

　　　一、动车组列车长 …………………………………………（116）

　　　二、其他旅客列车列车长 …………………………………（119）

　　子任务三　餐车服务 …………………………………………（124）

　　　一、接待礼仪 ………………………………………………（125）

　　　二、餐饮提供 ………………………………………………（126）

　　　三、餐车安全 ………………………………………………（127）

附件　动车组列车服务质量规范 ………………………………（130）

参考文献 …………………………………………………………（147）

服务礼仪基础知识

学习目标

1. 了解铁路客运服务的含义及特点
2. 掌握铁路客运服务礼仪的原则以及客运服务人员应具备的礼仪修养
3. 掌握车站和列车服务礼仪的主要内容
4. 掌握接待礼仪的内容

知识储备

一、铁路客运服务概述

（一）铁路客运服务

铁路客运服务是指为了实现旅客位移而由一系列或多或少具有无形性的活动所构成的一种过程，该过程是在旅客与服务人员、硬件与软件的互动过程中进行的，其实质是最大限度地满足旅客的需求并为其创造价值。从铁路运输企业的角度而言，客运服务是企业凭借运输设备设施及员工向旅客提供的保障旅客安全出行的一系列组织活动过程。从旅客的角度而言，客运服务是在消费旅行服务的过程中获得的一种实际体验和体验的满意度。

铁路客运服务主要包括车站服务、列车服务、行李服务及与旅客出行紧密相关的其他活动等内容。

铁路客运服务具有如下特点：

1. 服务的时效性

旅客乘车所购买的车票是旅客享有消费旅行服务的凭证，车票上印有旅行的出发地（站）、目的地（站）、车次、乘（开）车时间、座位号、座席类别、票价、有效期、车票发售地、旅客身份证号等信息。通常意义的旅行服务从旅客购票开始，至进站候车、登上列车旅行，最后抵达目的地出站为止。旅行服务具有明显的时效与地域界限。超出车票标注有效期时间界限的旅行服务是无效的。

2. 服务的安全性

安全是交通运输行业永恒的服务宗旨，也是铁路客运服务的重要内容。安全、准时地到达目的地是旅客对客运服务的基本需求。铁路客运服务必须首先在保障旅客生命、财产安全的基础上，尽量满足旅客的其他需求，才能让旅客收获舒心、舒适的旅行体验。

3. 服务的综合性

铁路客运服务从旅客购票开始，经历车站安检、候车、进站上车、列车服务、行李服务等环节，到旅客抵达并离开目的地车站结束。客运服务内容是上述系列服务过程构成的综合性产品。同时，铁路客运服务是车站与列车的设备、环境及服务人员共同构成的整体。

4. 服务的一次性

服务具有无形性、生产与销售的同时性、消费的一次性等特点。客运服务业同样具备服务的这些特点。旅客的乘车行为与列车的发出、抵达过程及客运人员的服务是同时发生的，并且这个消费与服务的过程一次发生后失效，不具备可储存性。

5. 服务的层次性

客运服务是一个满足旅客需求的过程，旅客的乘车体验需求是有层次区分的。安全、准时是所有旅客对客运服务的基本需求；快捷、便利、舒适是旅客对客运服务的享受需求；旅客的个性差异决定了其对客运服务还具有个性化的需求。

（二）动车组列车客运服务的特点

动车组列车客运服务与既有线列车相比，服务方式更加灵活、人性化、个性化，主要体现在如下3个方面：

1. 为旅客提供安全、准时、舒适、快捷、优质的服务是动车组列车服务的主要特点

动车组列车不仅具有高速的优势，还具备设计科学、设备先进、环境优良、乘坐舒适等特点。硬件条件大为改善的同时，客运服务的软实力也必须提升。软实力的提升主要依靠客运服务人员为旅客提供更加人性化、个性化、细节化的优质旅途服务来实现。

2. 车站候车服务与列车乘务服务是反映铁路旅客运输质量的窗口

车站候车与乘坐列车的体验是旅客对铁路客运服务最主要的体验。这一特点在动车组列车客运服务中尤为突出。因此，高铁动车组客运服务人员言谈举止是否规范、服务态度怎样直接影响着旅客对铁路客运服务的整体评价，可谓是铁路运输质量的窗口。

3. 客运服务的对象具有差异化的特征

动车组列车的旅客来自不同国家、不同地区，拥有不同的年龄、不同的职业、不同的文化层次及不同的风俗习惯，由于为这些不同的旅客服务的差异性、特殊性以及要满足他们的多样化需求，高铁客运服务人员必须具有较高的文化素养，掌握丰富的铁路专业知识和高铁客运服务礼仪规范与服务技巧。

二、铁路客运服务礼仪

铁路客运服务礼仪主要是指铁路车站、列车在服务工作中向旅客表示敬意的具体做法，是服务工作中形成的得到共同认可的礼貌、礼节和仪式，是客运工作人员必须遵守的服务规范。

（一）铁路客运服务礼仪的基本原则

1. 尊重

尊重是礼仪的核心。尊重原则，即"旅客至上"的原则，就是要求客运人员在服务过程中，要将对客人的重视、恭敬、友好放在第一位。

2. 包容

包容的原则包含两层含义："严于律己"与"宽以待人"。客运服务人员以严格遵守业务规章与服务规范来确保服务的质量，同时也要运用同理心，换位思考，理解和谅解客人，绝不能求全责备、咄咄逼人。

3. 适度

适度原则，就是要求客运服务人员在应用服务礼仪技巧时，为了保证实际效果，必须注意实施的技巧。礼仪的应用强调的是场合与角色定位。客运人员在服务过程中，要特别注意把握言行的分寸，适当得体。

（二）铁路客运服务人员应具备的礼仪修养

1. 亲和的微笑

微笑是人际交往中最富吸引力的面部表情，也是能够瞬间向他人展示友好热情的神态。客运服务人员的微笑可以从情感上拉近与旅客的距离。同时，笑容展露的友好亲切、真诚热情也可以给客人留下良好的第一印象。

2. 舒心的问候

问候是人与人见面时最初的直接接触。问候得当可以迅速表现出自己的诚意与热情，可以巩固微笑留给客人美好的第一印象。客运服务人员见到旅客时，应主动问好，这样也可以在接下来的谈话交流与服务工作中掌握主动。

3. 洁雅的仪表

仪表是一个人风度的体现。邋遢随意的外形是人际交往的大忌。客运服务人员洁雅的仪表来自整洁的制服着装、恰当的面容修饰和端庄的举止姿态，这是展示职业素养和树立专业形象所必需的，也是获得旅客信赖的基础。

4. 规范的仪态

铁路客运服务人员的仪态训练是礼仪素质养成的一个重要方面。强调仪态举止的规范，例如鞠躬的幅度、手势的开合，不仅是要展示专业化的训练有素，更重要的是包含了敬人的礼仪内涵和服务理念。

5. 得体的语言

语言是客运服务的重要工具。得体的语言会让旅客备感舒适，不礼貌的语言则会激发矛盾。客运服务人员与旅客交流，要使用规范的礼貌用语，同时要掌握表达的技巧，特别是处理违章时，更要注意语言的适度得当。

6. 诚恳的态度

旅客对乘车服务质量的评价往往是非常主观的。当基本的服务需求得以满足之后，对其他方面服务水平的感知则因人而异，因此，客运服务人员需要用积极、正面、温和的态度影响旅客的评价。

（三）车站服务礼仪的内容

铁路客运站是办理旅客乘降等客运业务和旅客列车到发整备等技术作业的场所，是铁路网的重要组成部分，也是铁路与城市的结合点。随着我国铁路交通业的快速发展，特别是高速铁路运营和线路不断增加，铁路客运站已成为城市和区域的综合交通枢纽，在城市发展中的地位、作用和影响发生了根本性变化。可以说，现代铁路客运站不仅要突出铁路运输的职能，满足旅客对乘车方便、快捷、舒适的要求，而且要满足城市发展的需要，成为一个城市文化和城市文明的形象代表。

铁路车站客运人员是指在车站售票窗口、候车室、进站通道、旅客站台等处为旅客提供服务、保障安全的工作人员，其主要工作职责是指客运人员对车站旅客购票、乘降、出站提供服务。铁路客运服务人员在为旅客服务时所呈现出的良好态度、周到服务和文明礼貌，是我国铁路质量管理的重要组成部分，也是铁路企业文化外在表现之一。因此，车站服务礼仪对于满足旅客需求、提升服务质量、展示铁路形象具有重要意义。

良好的仪容仪表是车站服务形象的表现。车站服务工作的特点是直接面向旅客为其提供服务，来自八方的旅客对为其服务的工作人员会留下直接而深刻的印象。良好的仪容仪表会产生积极的宣传效果，在一定程度上，车站服务人员的仪容仪表反映了一个组织或团体的服务形象和管理水平。

良好的仪容仪表是优质服务的表现。服务人员的仪表仪容能满足旅客视觉美方面的需要，同时又使他们感受到优质美好的服务，自己的身份地位得到应有的承认，求尊重的心理也会得到满足。

良好的仪表仪容是车站管理水平的表现。服务人员的仪容仪表不仅反映了铁路经营管理者的管理理念和管理水平，而且也通过个人形象的直接展现，体现出铁路工作者的自尊自爱。

车站服务礼仪包括问询服务、售票服务、安检服务、检票服务、站台服务、出站服务六个方面的内容。

（四）列车服务礼仪内容

旅客列车是铁路企业面向社会展现两个文明建设的重要窗口之一。旅客在旅行过程中的大部分时间都在列车上度过，服务质量的好坏，对于增加旅客满意度、培养旅客忠诚度、提升铁路整体形象都具有重要的意义。

旅客列车的服务工作主要由旅客列车乘务组完成。旅客列车乘务组是旅客列车为完成旅客及其行李、包裹的运送任务而由旅客列车乘务人员组成的专门服务组织。一般来说，我国铁路的旅客列车乘务组一般由列车长、列车员、列车行李员、广播员、餐车供应人员、检车员、车电员和乘警等组成（动车组列车乘务组由司机、列车长、列车员、机械师、乘警、餐营人员和保洁人员组成，简称"六乘一体"）。

目前，"以服务为宗旨，待旅客如亲人"的服务宗旨已经深入人心，客运乘务人员的服务礼仪规范和作业标准，不仅关系到广大旅客的旅途安全与舒适，也是铁路职工良好精神风貌的具体体现。因此，在列车值乘过程中，需要认真贯彻铁路总公司、铁路局的作业标准，注意总结工作经验，加强科学管理，不断促进乘务工作规范化、服务质量标准化以及市场要求品牌化，逐步形成一整套具有铁路特色的客运作业标准。

由于旅客列车服务的特殊性，列车乘务人员除了要严格按作业标准作业外，还要在仪容仪表、行为举止和服务用语等方面，相对于其他铁路单位有着更高的要求。

列车服务礼仪包含列车员服务、列车长服务、餐车服务3个方面的内容。

三、接待礼仪的内容

铁路客运服务人员在客运服务岗位上，每天面对大量旅客，接待是一项中心工作。随着世界全球化和国际经济贸易往来的增加，越来越多的中国人迈出国门的同时，我国铁路运输线上也出现了一些新鲜的面孔。来自世界不同国家和地区的旅客搭乘铁路出行，将铁路作为重要的交通工具。铁路的硬件设施日趋完备，作为铁路客运服务人员应该具备基本的礼仪，出色地完成接待工作。

礼俗风情是某一国家、民族长期形成的，具有相对稳定性的礼节、人情、风尚、行为习惯、心理倾向等的总和，是一个民族区别于另一个民族的重要特征。礼俗风情是一个历史范畴，随着社会的变迁、经济和文化的发展，还会出现新的内容与形式。各国、各民族和各地区由于不同的文化背景、礼仪传统和行为习惯，形成的礼俗风情存在很大的差异，因此我们在客运服务接待中必须了解和掌握，以此作为入乡随俗的依据，从而成功地与交际对象建立良好的关系。客运服务接待礼仪对于满足不同国籍的旅客需求，提升服务质量，展示铁路形象具有重要意义。

本书所述的接待礼仪主要包括中外习俗与禁忌、宗教习俗与礼仪，客户接待礼仪，外事接待礼仪几个方面的内容。

铁路客运服务人员的形象礼仪

> **学习目标**
>
> **1. 知识目标**
>
> 了解男士、女士的仪容要求
>
> 了解着装原则以及职业装着装规范
>
> 了解铁路客运服务人员的仪态礼仪
>
> **2. 技能目标**
>
> 能掌握职业妆的一般方法
>
> 能规范穿着制服
>
> 能应用微笑和目光服务
>
> 能展示标准的站姿、坐姿、行姿及手势
>
> 能正确行鞠躬礼

任务一 铁路客运服务人员的仪容礼仪

> **案例导入**
>
> 萌萌是某高校高速铁路客运乘务专业的学生,毕业后在某站做乘务员。萌萌上班之前一直钟爱烟熏妆,做了乘务员之后,便化起了整洁、漂亮、端

庄的"乘务员"妆，到了休息日，她又给自己来了个大变脸，化起了喜爱的烟熏妆。一年过去了，萌萌在工作中能得到领导的青睐吗？而在休闲时又能得到朋友的喜欢吗？你能分析其中的原因吗？

知识储备

仪容是指人的外貌，尤指动人的或健康的外貌，仪表、容貌，是个人形象的重要组成部分之一。仪容通过对面部与头发的修饰，展现每个人的个性、喜好、修养等。仪容不仅是打扮和美容，也是人的精神面貌的体现，能使人在工作中保持良好的精神风貌。

一、发型发式

（一）发型发式方面的仪容仪表标准

（1）男士的发型发式统一的标准就是干净整洁。头发勤洗勤整理，并且要经常注意修饰、修理，不要过长。一般认为，男士前部的头发不要遮住自己的眉毛，侧部的头发不要盖住自己的耳朵，同时不要留过厚或者过长的鬓角，男士后部的头发，不要长过衬衫领子的上部，这是对男士发型的统一要求。

（2）女士的发型发式应该保持美观、大方。需要特别注意的是，在女士选择发卡、发带的时候，它的式样应该庄重大方。"女人看头"，女性的发型要时尚得体、美观大方、符合身份。发卡式样庄重大方，以少为宜，避免出现"远看像圣诞树，近看像杂货铺"的场面。

（二）发型的选择

适度的发型是良好仪容的表现。因此，对于发型的选择也表现了一个人对自我的了解。选择发型一般应从两个角度进行，下面具体讲解。

1. 根据脸型选择发型

这种选择发型的方法是最为普遍的。一般来说，脸型有瓜子脸、四方脸、圆脸和梨形脸这4种。

（1）瓜子脸：这是东方女性的标准脸型，也称美人脸。这种脸型选择发型的余地大，也比较容易打扮，适合各种发型，然而这种脸型显得比较消瘦，将头发散下来可以显得更丰润一些。

（2）圆形脸：这种脸型一般都比较可爱，面部的轮廓比较圆润，下巴丰满。这种脸型的人一般要比实际年龄看起来年轻一些，但是缺乏立体感，可以选择线条简洁的发型，将头顶部的头发梳高，拉长脸部线条。

（3）四方形脸：这种脸型显得比较刚毅、果断，但是缺乏柔美感，其特征是面部下方较宽。这种脸型的人可以将头发散下，使脸部看起来柔和淑女一些。

（4）梨形脸：这种脸型显得随和，特点是额头偏窄，下颚较宽。这种脸型的人宜留短发，并增加额头两侧头发的厚度，使脸型看起来更饱满。

2. 根据发质选择发型

（1）直而黑的头发。这种头发宜梳直发，显得朴素、清纯，但直发在显示华丽、活泼、柔和方面不如卷发，而且这种发质较硬，单靠吹很难达到满意的卷曲效果。如果做卷发，先用油性烫发剂将头发稍微烫一下，使其略带波浪而显蓬松，卷发时最好用大号发卷。发型设计尽量避免复杂的花样，做出比较简单而又能体现出华丽、高贵的发型来。

（2）柔软的头发。其实这种头发是很容易打理的，不论你心仪哪一款发型，做起来都很简单。由于柔软的头发较服帖，建议你可尝试俏丽、个性化的短发。

（3）自然卷发。建议将头发留长，这样才能显示其自然的卷曲美；而如果将头发剪短，自然的卷曲就不太明显了。

（4）粗硬的头发。这种发型打理起来相对比较困难，却很容易修剪得整齐，所以在设计发型时应侧重以修剪技巧为主，避免繁复的花样，争取做到既简单又高雅大方。还有一点建议，拥有粗硬发质的朋友，在做发型之前，可考虑用油性烫发剂将头发微烫一下，使头发略带波浪，又显蓬松自然。

（5）稀少的头发。这种头发缺少弹性，如果梳成蓬松式的发型，很快就会复原，但这种发质比较服帖，适合于留长发或梳成发髻，应用小号发卷卷头发，以便做出娇媚的发型。

二、护肤

护肤可以分为日常基础护理和专业护理两类。日常基础护理是我们每天都必须履行的护肤步骤，若皮肤出现问题，每日还需进行加强保养。专业护理又称每周特殊护理，是指每周要进行磨砂、按摩、敷面等步骤，促进面部的血液循环，增加肌肤的弹性与光泽，供给肌肤水分和养分，让肌肤处于健康状况之下。

护肤不像化妆，可以迅速在脸上显出美化的效果。护肤重在保护和营养皮肤，使得皮肤保持健康、延缓衰老。因此，护肤需要长期坚持，并且护理得法，切忌急于求成，期望迅速见效。

无论采取什么方式来保养皮肤，有三大基本原则要把握：洁肤、爽肤、润肤。

（一）洁肤

1. 洁肤用品的选择（以洁面用品为例）

市面上洁面用品的种类繁多，主要可分为洁面霜、洁面乳、洁面凝胶及最新的洁肤棉等。洁面霜多适合油性皮肤，洁面乳多适合干性皮肤，洁面凝胶多适合中性皮肤。使用时，挤适量于手上，配合清水，搓揉起泡后，清洁面部，再用水冲净。洁肤棉适用于敏感皮肤和受损型皮肤，其特殊的纤维织布能给予皮肤最完善且最温和的洁净，同时能够去除老化角质，使皮肤得到滋润与接摩。

选择适合自己的洁面用品时，可依照是否有卸妆与清洁的双重需求、皮肤的类型以及个人喜欢的洁面方式来选用不同的产品，在清洗中既不能对皮肤造成损伤，也不能影响到皮肤的正常生理功能。

2. 洁肤时水温的调节

温水是最适宜的洁肤水，洁肤过程中不宜使用热水或凉水，洁肤之后可用冷水放松和刺激皮肤，促进血液循环。有些书上提到，凉水具有收缩毛孔的作用，这是不科学的，美国密苏里州雷拉皮肤护理中心主任莱娜专家认为，毛孔并不像你想象的那么容易开放和关闭。

3. 具体洁肤步骤（以洁面为例）

（1）准备好温度适宜的水，用水浸湿脸部。接着取适量的洁面品，放在手中，添加少量的水揉出丰富的泡沫。如果起泡量少，可以用起泡球、起泡网辅助。

（2）将泡沫涂抹在脸部。首先在油脂多的T区放上洁面泡沫，要点是不要搓揉肌肤，用泡沫在脸上进行轻轻的按摩。

（3）在脸部其余部位也涂抹洁面泡沫，轻轻地画圈清洁，配合轻柔的按摩，清除脸部的污垢与油脂。之后再用清水冲洗干净。

（4）使用质地柔软的毛巾轻轻拭去水分，注意不要用力擦拭肌肤。接着用喷雾状的矿泉水喷洒脸部，待其停留1分钟左右，再用毛巾将脸部多余水分擦拭干净。

（二）爽肤

1. 爽肤的目的

清洁后的皮肤，须及时补给吸湿性好的爽肤品，使角质层保持充足的水分，增加皮肤的柔软性，使皮肤更滋润。爽肤水也称紧肤水、化妆水等。调理的目的是使洗净后略偏碱性的皮肤恢复弱酸性，以保护皮肤免受细菌和外界的刺激。同时还有清除洁肤后残留物、收紧皮肤、改善肤质的作用。

2. 爽肤水的分类及选择

油性皮肤使用紧肤收缩水；干性皮肤使用保湿水；混合皮肤，T字部位使用收缩水，其他部位使用保湿水；敏感皮肤使用敏感水、修复水；提高美白效果可使用美白化妆水。

3. 爽肤水的正确使用

爽肤水的准确使用方法：

（1）如果你把抹爽肤水作为洁肤的最后一个程序，目的是清除残留的印迹，那么应该用棉花片由下往上擦拭，并在鼻头、额头、下巴处"按"几下，再用双手朝脸上"扇风"。棉花片以吸饱爽肤水但拧不出水滴为最佳状态。棉花片太干的话，棉絮留在脸上也是件麻烦事。

（2）如果你用爽肤水是因为喜欢脸上凉凉的感觉，那么可以将其倒在掌心上，然后用手"拍"，之后用手指在脸上"弹"几圈钢琴，这样能帮助渗透，令表皮细胞更具弹性。

（3）如果你用爽肤水是为了去除老化角质层，那么一定要用棉球或者棉片蘸取，将其擦拭在脸上，同时尽量不要在同一个部位反复擦拭，以免过度去除角质。

有一点值得提醒，如果你早上没有洗澡的习惯，但是前一晚在颈部抹了颈霜或换肤霜，那么一定要用棉花片沾一些爽肤水将颈部擦拭干净，方向也是由下往上。你会发现棉花片上有"灰黑"的痕迹，那就是角质层。

（三）润肤

要润肤的主要原因在于，皮肤需要适度的水分与油脂来维持其润滑、光泽的外观。皮肤很容易受到外在环境、压力、老化等影响而失去其油、水平衡状态，进而呈现干燥、粗糙、黯淡等现象，因此每日必须提供适量的水分和油脂给皮肤。而润肤品的种类也依其形态不同可分为润肤霜、润肤乳和润肤凝胶。

对于油性皮肤，过多的油脂容易引发一些肌肤问题，因此具有油性皮肤的人应挑选含油分少的化妆品，并且着重去角质护理，避免老旧的角质细胞堵塞毛孔，引起其他问题。

对于干性皮肤，应在洗脸后用滋润化妆水来补充水分，并且使用油分多及保湿性高的化妆品来补充不足的油脂和水分。

对于中性皮肤，应每日按照基础保养护理，但也要随时注意皮肤状况的变化，调整并选择配合季节和环境变化的化妆品。

对于混合性皮肤，应依照不同部位的不同需求来加以护理，可以选择滋润性化妆水补充干燥部位的水分，然后使用润肤品来润肤，至于使用的分量可依照干燥程度的不同而做调整，也就是较油的部位在使用量上可减少，或用含油分少的润肤品，而干燥的两颊在使用量上可增加，或用滋润程度高的保养品。

三、化妆

（一）化妆的意义

1. 社会交往的需要

由于妇女生活方式的改变，她们的社会交往越来越频繁，而良好的修养、优雅的谈吐、端庄的仪表，会将女性独具的魅力体现得更加充分。

2. 职业生活的需要

随着商品社会的不断发展，化妆已不再局限于舞台，而是逐渐进入职业生活。通过人为的修饰，可以使平凡的相貌焕发出超凡脱俗的魅力，给人以美的享受。

3. 日常生活的需要

通过化妆不但可以使人容颜美丽、精神焕发，还可以使人在生理上和心理上充满活力，进而以愉快的心情投入学习和工作中去。同时，在公共场合，化妆还能起到交流感情、尊重他人、增进友谊的作用。

（二）化妆的原则

1. 美化

化妆，意在使人变得更加美丽，因此在化妆时要注意适度矫正、修饰得法，化妆后避短藏拙。在化妆时不要自行其是，任意发挥，寻求新奇，有意无意将自己老化、丑化、怪异化。

2. 自然

通常，化妆既要求美化、生动、具有生命力，更要求真实、自然、天衣无缝。化妆的最高境界是"妆成有却无"。即没有人工美化的痕迹，而好似天然若此的美丽。不可浓妆艳抹，香气逼人。

3. 得法

化妆虽讲究个性化，但必须讲究一些基本的规范。比方说，工作时化妆宜淡，社交时化妆可以稍浓，香水不宜涂在衣服上和容易出汗的地方，口红与指甲油最好同为一色等，不可另搞一套，贸然行事。

4. 协调

高水平的化妆，强调的是其整体效果。所以在化妆时，应努力使妆面协调、全身协调、场合协调、身份协调，以体现出自己慧眼独具，品位不俗。所用化妆品要成系列，香型相近、色彩和谐。

（三）客运服务人员的化妆要求

女性客运服务人员必须淡妆上岗，客运服务备包中应携带化妆包，在工作中遇到脱妆时需要注意及时补妆。出乘之前必须携带口红、粉底、眼影、腮红、梳子、定型水、擦鞋器、备用丝袜、香皂、护手霜等。补妆应避免在旅客面前，应选择在洗手间或工作间进行。

化妆过程中要注意选择与自己肤色相近的粉底液（霜）的颜色，使其起到提亮肤色和均匀肤色的效果，并让整个面部、颈部达到肤色统一、均匀、柔和的效果。注意避免在脖颈之间出现明显的"分界"。

眉毛的颜色应接近头发的颜色，眉毛要整齐。无论你是否用眉笔，将双眉的颜色加深，临出门前都应用眉扫擦眼眉，使眉毛顺从生长的方向，这样看来自然眉清目秀。

双手一定要保持清洁健康，指甲修剪得整齐美观，并且保持肉色，可涂自然色指甲油，但不得有脱落现象。涂色指甲长度不超过手指尖 3 mm，不涂色指甲长度不超过手指尖 2 mm，双手指甲长度应保持一致。

喷洒的香水应以清香、淡雅型为宜，不可过香、过浓，可以喷口香剂来保持口气的清新。

（四）化妆的禁忌

1. 忌离奇出众

日常生活妆或职业妆只有与周围环境、本人气质相协调，才能达到提升个人气质和维护组织形象的目的，切不可以以非主流的风格示人。特别是服务人员，她们在工作中不可装扮得离奇出众，刻意追求荒诞、怪异、神秘的妆容。

2. 忌技法用错

即使不化妆，也比贸然化妆、错误化妆要好。不了解化妆方法而用错技法，不仅不会实现美化的目的，还会暴露自己在这方面的缺陷。

3. 忌残妆示人

适时化妆很重要，及时补妆更重要。残妆，是指在出汗之后、用餐之后、休息之后，妆容出现了残缺。在众人面前，以残妆示人，既有损于自身形象，也显得对人不礼貌。因此，要在合适的场合和时间进行检查和补妆。

4. 忌当众化妆

有些女士，对自己的形象过分在意，不论在什么场合，一有空闲，就会拿出化妆盒对镜修饰一番，一副旁若无人的样子。在公共场所，众目睽睽之下修饰面容是没有教养的行为。如果有必要化妆或补妆，一定要到洗手间等适当场合去完成，切莫当众表演。

5. 忌随意评论他人妆容

除了化妆品推销员需要适当评论他人妆容之外，其他人不宜对他人的妆容过多关注，更不能直接妄加评论和指点。这不仅是不礼貌的行为，同时还有可能伤害对方的自尊心。另外，贸然打听他人使用的化妆品的品牌、价格和化妆的具体方法也是不合适的。

四、卸妆

化妆一方面可以增加女性的魅力，另一方面也是对别人的尊重。因此，现在不论任何场合都不提倡"素面朝天"，虽不要求浓妆艳抹，但化上淡淡的妆，不但是种基本的礼节，也可以提高自信。这样一来，就免不了每天要往脸上涂各种化妆品，如果卸妆不彻底，化妆品残留在脸上，就会堵塞毛孔，后果的严重性可想而知。

（一）脸部卸妆

下班回来，一定要使用冷霜或深层清洁乳及成分温和的洗脸用品彻底清洁皮肤。化过妆的皮肤容易闭塞粉垢、污垢，所以应选择适合自己肤质的洁面用品，只有这样才能预防皮肤受到伤害。

（1）首先准备几片化妆棉，作为清洁脸部的用具，倒出约一茶匙的清洁乳在手心上。

（2）将清洁乳轻轻涂在颈部、面颊及额头上。

（3）用化妆棉由颈部开始清洁，渐渐移到下颚、面颊、鼻子、鼻下部位、前额及眼部。化妆棉使用后应立即丢弃，不要重复使用。

（4）取一小片干净的化妆棉，蘸些化妆水，轻拍于脸部。此步骤非常重要，能除去清洁乳的残留物，使皮肤保持酸碱平衡。

（5）完成脸部的清洁，并使用化妆水轻拍后，可使用润肤霜滋润皮肤，如此，皮肤的水分就可以维持得长久一些。

所有的动作都应以轻柔为主，千万不可用力揉擦，否则将会伤害到细致的皮肤组织。

（二）眼部卸妆

眼睛部分的皮肤组织较为脆弱，因此不宜使用一般的清洁用品，应该选择眼部专用卸妆品，并配合最温柔的卸妆技巧，才能预防皱纹的产生。

此外，也应该注意一点，若佩戴隐形眼镜，记得一定要在卸妆前先取出隐形眼镜片，以免化妆品的油脂弄脏了镜片。

（1）首先把少量的眼部卸妆品倒在化妆棉上。

（2）将化妆棉轻轻抹在眼睑上，使化妆品溶解于卸妆油中，这样就可以减少摩擦，然后拭净化妆品。

（三）眼睫毛卸妆

眼睫毛距离眼睛相当近，若卸妆不慎的话，容易使化妆品掉落到眼睛里，引起不适，所以动作必须小心轻缓。卸妆品应选择眼部专用的为佳。

（1）如果使用的不是防水睫毛膏，便可以用化妆棉或棉片蘸取眼唇专用卸妆液，在眼部轻按3秒，让眼妆充分地溶解，然后按照眼皮的纹理，右眼顺时针、左眼逆时针的方向清洁。

（2）卸除防水睫毛膏时，先将面巾纸或化妆棉用剪刀剪成条状，然后用蘸取了卸妆液的棉棒，轻轻地在睫毛根处停留5秒，最后顺着睫毛从上而下清理。对于下睫毛和下眼线，可用棉花棒蘸取眼部卸妆液做局部清洁。

（四）唇部卸妆

特别是不脱落的口红，更要仔细卸妆，若不使用唇部专用的卸妆品，会导致唇部干燥不已。

（1）用化妆棉蘸取眼唇专用卸妆液，轻敷双唇数秒，等卸妆液溶化口红后，再以化妆棉横向擦拭唇部。

（2）再用沾有卸妆液的化妆棉由嘴角开始往内擦拭，擦拭嘴角时要注意方向是往内转动的。

实训设计

一、实训目的和要求

1. 领会脸型与发型搭配选择的基本要求；掌握正确的束发、盘发的方法。
2. 掌握工作淡妆的化妆流程和方法。

二、实训内容

1. 练习盘发的方法。
2. 实训项目：
（1）发型梳理。
（2）简单化妆。

三、实训评价

1. 学生评价。
2. 教师评价。

任务二　铁路客运服务人员的仪表礼仪

案例导入

国外一个学者做了一个有关服装的研究：他派一位训练有素的大学生前去100家公司。这位大学生扮成一位助理，并完成一个任务：要求公司的秘书向自己提供3份公司职员的个人档案。实验之前，100家公司的老板都事先通知了自己的秘书，自己有一位新招聘的助理，将会在自己不在公司的时候前去拿档案，请秘书听助理的指挥。

实验将100个企业分成两组，第1组，助理穿着高档服装，头发梳理得一丝不乱，一副成功人士的打扮。在第2组里，助理穿着普通的服装，十足一个刚毕业的学生模样。有意思的事情发生了，在第一组试验时，几乎所有的秘书都有求必应，其中42次在10分钟之内，助理要的3份员工档案到位；

第 2 组里，也就是穿着普通服装的助理受到了冷遇，1/3 的秘书表情冷淡或颇有微词，10 分钟内员工档案到位的情况只有 12 次，其余以各种理由推脱或不理。

知识储备

在现代经济交往中，人们越来越重视自己的着装，力求能够更好地展示自我的形象和适应社会交往的规则，让自己首先"看起来"是位优秀的职业人，从而增强个人的自信并迅速赢得交往对象的信任。

英国前首相丘吉尔也认为，服装是人们最好的名片。这对于几乎不递名片的服务人员来说犹如黄金定律。即使没有名片，单从服装上，人们有时也会很快认识我们。

一、着装原则

着装是指一个人的穿衣打扮，着装对我们很重要，因为它可以决定我们事业的成败，也可以决定我们心情的好坏。正确的着装，可以让我们更加自信，让我们的生活更加惬意，也会让我们在事业中游刃有余。

（一）着装的基本原则

社交中如何才能使自己着装得体呢？以下三个原则是必须遵循的。

1. 着装要符合职业、身份的要求

着装要与职业、身份相符，这是不可忽视的原则。不同的职业，由于工作环境与社交对象的不同，对着装的要求也应有所区别。例如，教师不能像明星一般珠光宝气，律师不能像运动员一样休闲上阵。身份对着装的要求体现于社会地位及交往角色对着装的限制。例如，领导者在公众面前的着装应表现得庄重、严肃，服务员在服务时的着装不应太过华丽。

2. 着装要与环境相谐调

环境包括时间、地点、场合等因素，这决定了着装的类型。着装随季节、早晚、年代的不同都应表现出明显的差异，打破常规的穿着往往会令人尴尬。办公室穿着与家庭穿着显然有正式与休闲之别。着运动衫上班的公务员不免给人懈怠之感，穿睡衣上街也会令人侧目。不同的场合中，情绪与气氛各不相同，我们的着装应与整体氛围相协调。参加喜宴或葬礼，着装的颜色都要有所区别。出席婚礼还应注意自己的服装不应比新娘更炫目。

3. 着装要参考自身条件

选择服装时还应注意与自己的年龄、肤色、体型相和谐。选择服装时要先了解自己的基本条件，用服饰来实现扬长避短的效果。比如身材矮小的人适合穿造型简洁明快、图案花型小的服装；肤色偏黑或发红的人，忌穿深色或暗色的服装；肤色偏黄的人，最好不要选和肤色相近的或较深暗的服装，如棕色、深灰、土黄、蓝紫色等，这些颜色会使人的肤色看起来不够健康。

（二）着装的 TPO 原则

TOP 是 3 个英语单词的缩写，它们分别代表时间（Time）、场合（Occasion）和地点（Place），即着装应该与当时的时间、所处的场合和地点相协调。

1. 场合原则

衣着要与场合协调。与顾客会谈、参加正式会议等，衣着应庄重考究；听音乐会或看芭蕾舞，则应按惯例着正装；出席正式宴会时，则应穿中国的传统旗袍或西方的长裙晚礼服；而在朋友聚会、郊游等场合，着装应轻便舒适。试想一下，如果大家都穿便装，你却穿礼服就有欠轻松；同样地，如果以便装出席正式宴会，不但是对宴会主人的不尊重，也会令自己很尴尬。

2. 时间原则

不同时段的着装规则对女士尤其重要。男士有一套质地上乘的深色西装或中山装足以包打天下，而女士的着装则要随时间而变换。白天工作时，女士应穿着正式套装，以体现专业性；晚上出席鸡尾酒会就须多加一些修饰，如换一双高跟鞋，戴上有光泽的佩饰，围一条漂亮的丝巾；服装的选择还要考虑到季节和气候特点，保持与潮流大势同步。

3. 地点原则

在自己家里接待客人，可以穿着舒适但整洁的休闲服；如果是去公司或单位拜访，穿职业套装会显得专业；外出时要顾及当地的传统和风俗习惯，如去教堂或寺庙等场所，不能穿过露或过短的服装。

二、西装的穿着规范

目前，世界通行的职业装就是西装。西装也是正式场合着装的优先选择，被广泛应用于社交、宴请、会议、观演等场合。

（一）西装的选择

在做选择时，必须注重西装的面料、款式、造型、颜色、尺寸等方面。

1. 面料

鉴于西装在对外活动中往往充当正装或礼服的用途，面料的选择应力求高档。纯毛料是最好的选择。用高档毛料制作的西装，具有轻、薄、软、挺的特点，最能体现西装平展、挺阔之美。而不透气、不散热、无光泽感的各类化纤面料，不宜用作西装面料。

2. 款式

西装的款式，根据领型、件数、纽扣等的不同而不同，常见的两种如下：

（1）按件数划分为单件和套装。依照惯例，单件西装是一件和裤子不配套的西装上衣，常被称为休闲西装，仅适用于非正式场合，其面料、颜色、款式都较套装多样而丰富。在正式的社交活动中所穿的西装，必须是西装套装。

西装套装又可分为两件套和三件套。两件套西装套装包括上衣和长裤。三件套西装套装包括上衣、长裤和背心。进行高层次的对外活动时，可以穿三件套西装。

（2）按照西装上衣的纽扣数量划分为单排扣和双排扣。

单排扣的西装上衣比较常见。主要有一粒、两粒扣和三粒扣这三种。一粒扣的西装，开领较低，适合体型较胖的男士穿着。两粒单排扣的西装多为标准领位。三粒单排扣西装领位较高，修身效果较好，很适合东方人的身材。

双排扣西装多在正式场合穿着。双排扣西装给人以庄重、严谨之感，适合于正式的仪式、会议、晚宴等场合；单排扣西装穿着场所普遍，作为工作中的职业套装和生活中的休闲西服均宜。目前，国际上流行的西装是单排扣的，双排扣西装有时也会掀起时尚。两粒扣和六粒扣的双排扣西装上衣属于流行款式，而四粒扣的双排扣西装上衣就明显地具有传统风格。

3. 造型

西装的造型，也称板型。目前，主要有四种造型：

（1）英版西装。英版西装不刻意强调肩宽，而讲究穿在身上自然、贴身。多为单排扣式，垫肩较薄，衣领较窄，腰部略收，后摆两侧开衩（最早是为方便英国绅士骑马之需）。

（2）日版西装。这种款式的西装上衣的外观呈现"H"形，即不过分强调肩部与腰部。垫肩不高，领子较短、较窄，不过分收腰，后摆也不开衩，多是单排扣式。

（3）欧版西装。欧版西装强调肩部和后摆，不重视腰部，垫肩和袖笼较高，腰身中等，后摆不开衩。特点是剪裁合体，多用双排扣式，而且纽扣的位置比较低。

（4）美版西装。此款西装肩部不加垫衬，腰部宽大，后摆中间开衩，袖窿剪裁较低，便于活动，以单排扣式居多。

有人以"英式西装剪裁得体，日式西装贴身凝重，欧式西装洒脱大气，美式西装宽松飘逸"的描述道出了几种造型的西装的风格差异。其实，这些差异的产生多是受到当地人身材特点的影响。相比之下，英版和日版的西装更适合中国人的身材特征。如果是肩宽腰细的男士也会很适合欧版西装。如果是肚子稍大的男士也会比较适合穿美版西装。

4. 颜色

正装西装与休闲西装的颜色是有很大差异的。休闲西装的色彩多样，不受约束。而正装西装的颜色必须显示庄重、严肃，而不可表现随意。正装西装的上衣和长裤的颜色必须一致，此所谓套装。同时必须是深色，花纹越暗越好、越少越好，显得严肃又不失优雅。深蓝色、深灰色都是正装西装的首选。一般认为，黑色西装或礼服多用于出席庄严、肃穆的礼仪性活动，如婚礼、葬礼中。目前，国际流行趋势表明，黑色套装正在越来越多地出现于各种正式场合。

5. 尺寸

西装的尺寸非常重要，过大、过小、过紧、过松的西装都会破坏我们良

好的形象。西装的选择,必须以合体为第一标准,并以此来考虑款式、造型。合体的西装尺寸应该是:

(1) 上衣:站立时,颈部至鞋跟的1/2处。

(2) 袖长:至手腕处。衬衫的袖长应比西装上衣袖子长出 1～1.5 cm,这样可以用白色衬衫衬托出西装的美观,显得活泼而有生气。

(3) 裤长:站立时,前边裤脚刚刚碰到皮鞋鞋面为宜。女性穿裤装时,裤长应能遮住高跟皮鞋的一半鞋跟。

(4) 衣腰围:扣上上衣第一粒纽扣,纽扣和衬衫之间刚好有可以放入一个拳头的宽度为宜。

(5) 裤腰围:系好扣子、拉上拉链后,可以插入一个手掌。

(6) 臀围:裤带内不装入任何东西,符合身体尺寸。可以做下蹲动作或抬腿动作,动作自如则为合适。

(二) 西装的穿着规范

1. 拆除标签

要拆除衣袖上的商标。在西装上衣左边袖子上的袖口处,通常会缝有一块商标。有时,那里还同时缝有一块纯羊毛标志。在正式穿西装之前,切勿忘记将它们先行拆除。这种做法,等于对外宣告该套西装已被启用。假如西装穿过许久之后,袖子上的商标依旧停留于原处,好似有意以此招摇过市一样,难免会见笑于人。

2. 慎穿毛衫

商界人士要打算将一套西装穿得有"型"有"味",那么除了衬衫与背心之外,在西装上衣之内,最好不要再穿其他任何衣物。在冬季寒冷难忍时,只宜暂作变通,穿上一件薄型"V"领的单色羊毛衫或羊绒衫。这样既不会显得过于烦琐,也不会妨碍自己打领带。不要去穿色彩、图案十分繁杂的羊毛衫或羊绒衫,也不要穿扣式的开领羊毛衫或羊绒衫。后者的纽扣不少,与西装上衣同时穿时,令人眼花缭乱。千万不要一下子同时穿上多件羊毛、羊绒毛衫、背心,甚至再加上一件手工编织的毛衣。那样一眼望去,其领口之处会有不少层次,犹如不规则的"梯田",而且会致使西装鼓胀不堪,变形走样。

3. 保持平整

要熨烫平整。欲使一套穿在自己身上的西装看上去美观而大方，首先就要使其显得平整而挺括，线条笔直。要做到这点，除了要定期对西装进行干洗外，还要在每次正式穿着之前，对其进行认真的熨烫。千万不要疏忽大意，而使之皱皱巴巴，脏脏兮兮，美感全失，惨不忍睹。

4. 掌握扣法

要扣好纽扣。穿西装时，上衣、背心与裤子的纽扣，都有一定的系法。在三者之中，又以上衣纽扣的系法讲究最多。一般而言，站立之时，特别是在大庭广众之前起身而立之后，西装上衣的纽扣应当系上，以示庄重。就座之后，西装上衣的纽扣则大都要解开，以防其"扭曲"走样。唯独在内穿背心或羊毛衫，外穿单排扣上衣时，才允许站立之际不系上衣的纽扣。

通常，系西装上衣的纽扣时，单排扣上衣与双排扣上衣又有各不相同的具体做法。系单排两粒扣式的西装上衣的纽扣时，讲究"扣上不扣下"，即只系上边那粒纽扣。系单排三粒扣式的西装上衣的纽扣时，正确的做法则有二：要么只系中间那粒纽扣，要么系上面那两粒纽扣。而系双排扣式的西装上衣的纽扣时，则可以系上的纽扣一律都要系上。

穿西装背心，不论是将其单独穿着，还是穿着它同西装上衣配套，都要认真地扣上纽扣，不能任其自由自在地敞开。在一般情况下，西装背心只能与单排扣西装上衣配套。它的纽扣数目有多有少，但大体上可被分作单排扣式与双排扣式两种。根据西装的着装惯例，单排扣式西装背心的最下面的那粒纽扣应当不系，而双排扣式西装背心的全部纽扣则必须无一例外地统统系上。

目前，在西裤的裤门上"把关"的，有的是纽扣，有的则是拉锁。一般认为，前者较为正统，后者则使用起来更加方便。不管穿着何种方式的"关门"西裤，都要时刻提醒自己，将纽扣全部系上，或是将拉锁认真拉好。参加重要的活动时，还须随时悄悄地对其进行检查，西裤上的挂钩，亦应挂好。

5. 规范配色

男士在正规场合穿西装套装时，全身的颜色不应多于3种，包括西装、衬衣、领带、鞋子、袜子在内。当然，同色系而色差有所变化是可以的，也是恰当的搭配方法。此外，鞋子、腰带、公文包的颜色应当统一，这样显得协调、美观。

6. 注意搭配

（1）衬衫。

与正装西装相配的衬衫以浅色为佳，花纹越淡越好，越少越好。

重要的正式场合中，衬衫宜为素色、单色。竖条纹西装不宜再搭配竖条纹或方格纹的衬衫，否则会让人感到复杂、凌乱。

衬衫下摆应该整齐地塞入裤腰内，忌衬衫露在西服外面。

穿西服系领带时，必须将衬衫颈部的纽扣扣上；如果未系领带，应该将衬衫的第一粒纽扣解开。

（2）领带。

穿西装套装必须系领带。领带是男士最重要的饰品，也最能体现男士的风格。同一套西装如果巧妙地搭配不同的衬衫与领带，便可以出席多种不同场合。

领带应选真丝面料的，不能有褪色、抽丝、变形的迹象。

纯色或带有简单图案的领带都是不错的选择。斜纹、小圆点、方格等规则图案容易显示严谨、干练、稳重的风格，适合在会议、谈判、会见领导或长辈时佩戴；不规则图案表现得活泼、随意，适合访谈、聚会等场合佩戴。

领带的长度应以底部三角处与皮带扣上端为宜。

领带结的系法应随西装领口样式的变化而变化，领口越宽，领带的结应该越宽；衬衫的左右领子夹角偏大时，适宜采用结口较大的温莎结。

慎用领带夹。领带夹多与制服配套使用，此时，领带夹成为企业或组织的形象标识。领带夹一般夹在衬衫自上而下的第四和第五粒纽扣之间。除此之外，日常生活与工作中一般不佩戴领带夹。

（3）鞋袜。

由于正装西装的颜色为深色，因此，皮鞋与袜子的颜色也应是深色，黑色皮鞋是最得体的选择，袜子宜为深蓝、深灰或者黑色。穿西装、皮鞋时所穿的袜子，最好是纯棉、纯毛制品。同时，袜子的长短要合适，切忌因袜子过短而露出小腿。

7. 女士套装

职场上的女士套装最初与男士西服套装样式相同，只是尺寸有变。后又演变出现更为流行的女士套裙。套裙穿着应注意：

（1）上衣或裙子均不可过于肥大或过于紧身。

（2）正式场合穿套裙时，上衣的衣扣必须全部系上。裙子不可过短，及膝或过膝为宜。裙子下摆恰好抵达着装者小腿肚的最丰满处，这乃是最为标准、最为理想的裙长。

（3）袜子不可不穿，也不可随意乱穿。应选择肉色或与套装颜色相近的深色长筒丝袜，不可着短袜、破损丝袜或带有图案的袜子，不可露出袜边。

（4）皮鞋的颜色应与套裙的颜色一致或相近；不宜穿露脚趾的皮鞋。

三、职业装穿着规范

强调规范、得体的职业装穿着，是社会文明进步的重要表现。职业装泛指我们在工作中所穿着的服装。制服、校服、演出服、防护服等服装也都属于职业装的范畴。职业装的两个基本特点是：能够体现职业特征和方便工作。

（一）职业装的作用

1. 树立职业自信

职业人士通过自己的着装、举止展现着所在单位的企业文化和服务宗旨，因此，穿上制服就代表着属于某个行业或单位，一种强烈的职业归属感和自豪感会让我们在工作时信心百倍。也正是因为这种强烈的职业标志，铁路行业要求，职工在非工作时间及场合不得穿着制服。

2. 端正工作态度

着职业装的目的是使员工能够更好地表现出严肃对待工作的态度。同时，得体、大方、庄重的套装也是一种让自己认真工作的暗示和督促，人们通过我们外表的装束可以感知我们工作的认真态度。在华尔街商界流传着一句谚语：永远不要相信一个穿着破皮鞋和不擦皮鞋的人。这是因为我们的着装习惯从一定程度上反映着我们的做事态度与专业素养。

3. 弱化自我意识

着职业装可以让员工时时刻刻感受到集体的凝聚力和荣辱感，而不是纯粹的自我个性张扬。甚至，我们在工作中还要模糊性别概念，无论女性还是男性，在工作中都要凭借自身的勤奋和努力去得到客户的认可。在这一工作原则指导下，要求职业装设计应当与庄重、严谨的工作氛围相一致：颜色尽量素雅，款式尽量简单，线条干净利落。

（二）职业装的穿着规范

1. 区分场合

选配和穿着服装，必须适合不同地点和场合。即使是工作中的着装，也应该区分不同的场合。办公室内的职业装类型和款式较丰富，不同的职业对职业装的要求也有区分。参加正式会议、进行公事拜访或出席谈判、洽谈时，男士应该穿着西服套装，女士应该穿着西服套装或职业套装，以显严谨。

2. 慎用色彩

一般而言，工作场合气氛多是严肃、庄重的。服装应当以冷色调、深色系为主，借以体现出着装者的严谨、稳重、典雅与端庄。同时，应注意与各种时装"流行色"保持一定距离，以示传统与持重。另外，正式场合着装应遵循"三色规律"——着装者全身服装的色彩不要超过三种，否则会显得杂乱无章。

3. 注意搭配

除了选择衣裤的样式、色彩外，还应注意外套、鞋袜、帽子、皮包等的搭配。尽量选择质地接近的配饰与衣服相配；皮包的颜色最好与鞋子一致；正式场合或工作场合应避免穿着休闲鞋或佩戴休闲风格的饰品。

4. 合身得体

职业装必须合身，袖长至手腕，裤长至脚面，裙长过膝盖；要穿着合体，既不宽松拖沓，也不紧裹束缚，要能便于工作行动；着套装时应慎穿毛衣，避免使上衣看上去臃肿变形，可以选择轻薄贴身的V字领毛衣。

5. 穿着到位

穿职业装时应严守规矩。衣扣要系好，衣领要翻好，有袋的盖子要拉出来盖住衣袋。不要将上衣披在身上，或者搭在身上。不要袒胸露怀，或是领带、领结松散偏歪。应将衬衫下摆掖入裤腰内，或是衬裙裙腰与套裙裙腰之间，切不可将其掖入衬裙裙腰之内。

6. 保持整洁

职业装在工作中穿着频繁，容易弄脏弄皱，因此要定期或及时换洗。保证衣裤不起皱，穿前要烫平，穿后要挂好，做到上衣平整、裤线笔挺、裙子无皱。保证衣裤无污垢、无油渍、无异味，领口与袖口处尤其要保持干净。此外，与之配套的内衣、衬衫、鞋袜等也应保持清洁卫生。

7. 强调造型

职业装款式应简练、典雅，线条自然流畅，以展示干练的工作风格。着装时，不挽袖，不卷裤，不漏扣，不掉扣；若是制服，领花、飘带与衬衫领口的吻合要紧凑且不系歪；如有工号牌或标志牌，要佩戴在左胸正上方，有的岗位还要戴好帽子与手套。不可随意增加或减少制服的配件。

（三）女士职业装的穿着禁忌

1. 忌杂乱

单位要求你穿就得穿，不能发了制服，一半人穿，一半人不穿。如果这样，会显得不统一。穿的时候要按服装自身的规则穿。比如穿西装的时候得穿皮鞋。女孩子要穿凉鞋的话，露指凉鞋不能穿袜子，否则就会不得体。忌杂乱具体包括两方面。一方面，造型不能乱。女士职业装的造型丰富多样，搭配也较灵活。西服套装最能展示职业女性的职场风范，若是着套裙穿丝袜，应注意不可露出袜边。平日办公室穿着，也可灵活搭配一些造型简洁、大方得体的服装。但要注意上下装的质地、色彩和造型的协调。不能穿过于休闲和前卫的服装，特别要避免穿着造型奇异、长短不一的流行时装。另一方面，首饰不能乱。首饰是女士普遍喜爱的装饰品。恰当地佩戴质地上乘的首饰还可以增添女性的气质和风韵。但是，职场上的女性应尽量少戴首饰或不戴首饰，以配合严肃的工作氛围。如果想要佩戴首饰，则应戴造型简单、价格适中的首饰，以免夸张或炫耀。不宜佩戴过分彰显个性的首饰。首饰的质地、颜色、造型都应该与服装的风格相协调。同时佩戴多件首饰时，最好不要超过三种。

2. 忌鲜艳

从制作的角度来讲，应该统一颜色，不能太鲜艳。一般要遵守三色原则，也就是说颜色不能超过三种。女性服装的款式与颜色都非常丰富。但是并不是所有的服装都适合工作时穿。办公室服饰的色彩应能体现着装者朴素、大方、端庄的形象，而不宜过于夺目，以免干扰工作环境，分散工作精力。应避免过亮的色彩。可以考虑海蓝、粉红、灰色、米色、红褐色、咖啡色等颜色。若着职业套装，宜选择深色、纯色的西服套装或套裙。藏青色、深灰色、灰色、米色、宝蓝色和暗红色都是较好的选择。套装的花纹应越少越好、越淡越好；精致的条纹、方格和印花也可以接受。

3. 忌紧身

女性服装较男性着装而言，更显修身裹体而凸显女性优美的体形。但是工作时要展示的是爱岗敬业的精神、训练有素的态度，而不是优美的线条。因此，女性职业装应略显宽松，以合体为标准，不宜过宽或过紧。紧身衣不便于肢体活动，也容易在正常行动中造成衣服开线、走形的尴尬。

4. 忌暴露

女性职业装在款式上也会追求时尚、新颖，但绝不能过于暴露。工作场合或正式场合中，女性着装应四不露，即不露胸、不露肩、不露背、不露腰。因此，不能穿低胸装、露肩装、露背装、露脐装。许多年轻的女性喜欢穿短裙，更能显示自己的身材，也非常时尚。但是，这种风格与工作场合并不协调。

5. 忌透视

女性穿着职业装时应该展示成熟、自信、庄重的从业面貌，因此，职业装多是平实、保守、简洁裁剪的款式。正装若是太薄或透明，容易内衣外显，很不雅观。职场上，女性不应过分凸显自己的性别特征，太过性感的装扮只会阻碍自己事业的发展。

（四）铁路客运服务人员着装要求

（1）服装应统一且按规定着装。

（2）工作前后，保持制服干净、熨烫平整，无污渍、斑点、皱褶、脱线、缺扣、残破、毛边等现象；裤装必须干净、平整、有裤线，不可有光亮感。

（3）在穿着制服的时候，要注意自己的仪容仪表，使自己的形象、举止符合制服应表现出的气质。

（4）在非工作时间，除集体活动之外，不得穿制服出入公共场合和乘坐列车。

（5）制服应合体，制服上不应佩戴任何饰物；如佩戴的丝巾应熨烫平整，统一系好，保持整洁；不应将笔随意插在腋下或衣服前襟。

（6）着制服时应佩戴工作徽章、职务标志；号码牌带于左胸上方，与上衣第二颗纽扣平行；列车长佩戴职务菱形臂章。

（7）春秋季节着马甲时，皮带应系紧、扣好，皮带扣不得外露。

（8）穿着风衣、大衣时，须扣好所有纽扣，并系好腰带。

（9）女性客运服务员在着裙装时必须穿长筒丝袜，做到无跳丝松弛现象，如有损坏应及时更换。长筒丝袜的颜色应统一为肉色、浅灰或浅咖啡色，不得出现破洞和抽丝现象。

（10）穿着黑色或深咖啡色皮鞋，女性客运服务员的皮鞋后跟不高于 5 cm，鞋跟面的着地直径不小于 2 cm。皮鞋不得有装饰物，做好勤清洁、勤护理，保持干净、整洁上岗。

阅读资料　　　　　**沪宁高铁乘务员穿着休闲装上岗**

2012 年 4 月 2 日至 4 月 4 日清明节小长假期间，上海铁路局所有动车组列车员首次换上"高铁休闲装"，以清新的面貌出现在旅客面前。根据上海铁路局规定，动车组列车员逢双休日及法定节假日将穿着休闲装上岗，工作日统一穿正装上岗。首次亮相的"高铁休闲装"包括：紫色衬衫、白色羊毛衫、彩色丝巾、黑色格子休闲裤和黑色皮鞋等。

四、佩饰佩戴规范

（一）佩饰的作用

佩饰，这里所指的是人们在着装的同时所选用、佩戴的装饰性物品。佩饰的实用性并不强，有些佩饰甚至毫无实用价值。但是佩饰可以对着装起到一定的陪衬、烘托和美化的作用。从审美的角度来看，佩饰与服装、化妆一起被列为人们用以装饰、美化自我的三大方法。因此，佩饰的装饰性重于实用性。那么，服务人员在工作中是否可以佩戴饰品呢？如果可以，应该选择哪些饰品呢？

佩饰具有美化自我、展示审美品位和暗示身份地位的特殊功能，但是，服务人员在工作场合中，应当突出自身的工作态度而不是审美品位，应当谦虚谨慎而不是与客人争奇斗艳。所以，服务人员在工作中不宜佩戴饰品。

正式场合佩饰要考究，不可佩戴粗制滥造的饰物，要求质地、做工精良。在办公室里或者工作岗位上，应当避免佩戴发光、发声、艳丽夸张的饰物。手提包、首饰、袜子、丝巾、胸针等佩饰要具有整体美感。饰品佩戴遵循"少就是多"的原则，少至不戴，最多不要超过三件；纯黄金饰品适于秋冬佩戴，纯白银、白金饰品则适于春夏佩戴。

（二）铁路客运服务人员配饰佩戴的要求

（1）穿着制服时不宜佩戴无固定性的饰品，如手镯、悬垂挂件、脚链等。

（2）头上不得佩戴发箍和有颜色的发夹。

（3）耳钉的大小不超过黄豆粒或 3 mm，没有悬垂物。

（4）制服上不得佩戴任何饰物，只佩戴号码牌与职务标志。

（5）男女客运服务人员均可佩戴手表，但手表的款式、颜色应简单不夸张，宽度宜 2~3 cm，不得佩戴珠宝表、运动表、卡通表。

实训设计

一、实训目的和要求

1. 领会 TPO 着装原则的内涵；掌握铁路客运人员穿着的规范。
2. 领会饰品的作用；掌握铁路客运人员饰品佩戴的规范。

二、实训内容

1. 穿着制服后的自我检查。
2. 实训项目：

（1）衬衣和制服套装的穿着。

（2）鞋袜的穿着。

（3）饰品的佩戴。

三、实训评价

1. 学生评价。
2. 教师评价。

任务三　铁路客运服务人员的仪态礼仪

案例导入

2016年5月，在某市铁路客运站，一名旅客因为着急赶火车，对安检员慢吞吞的检查很不满，安检员虽然没说什么，但是板着脸，很不耐烦，给旅客安检的速度更加慢了，结果旅客与安检员二人起了冲突，导致旅客差点没赶上火车，于是其进行了投诉。

知识储备

仪态，是人的姿势、举止和动作，人们在行为中展示的姿态和风度。通常是指身体在站立、就座、行走时的样子以及各种手势和面部表情等。优雅的仪态不仅让交往对象感觉舒适得体，还体现了行为者自身的修养和品质。同时，姿态也是一种无声的语言，即体示语（Body Language）。一个人的每一种姿态都无不真实地反映着其当时的某种心理状态。

铁路客运服务人员的仪态规范的一般要求如下：

（1）客运服务人员站立、行走姿态要端正。不背手、叉腰、抱膀、插兜，不高声喧哗、嬉笑打闹、勾肩搭背，不在旅客面前吃食物、吸烟、剔牙齿和做出其他不文明、不礼貌、不雅观的动作。

（2）客运服务人员指示方位时，应五指并拢，切忌用单个手指指示方位。

（3）为旅客拿东西时，应该轻拿轻放；拿水杯时，应该拿水杯的下1/3处。为旅客递送东西时，应该站在旅客的正面，递送东西到位，当对方接稳后再松手。

（4）在旅客多的地方行走时应先打招呼，不与旅客抢道、并行，与旅客走对面应主动示意让路。无意碰撞或影响了旅客,应表示歉意。

(5)与旅客交谈时,要面对对方,保持适当距离(0.5～1.0 m);站姿端正,可采取稍弯腰或下蹲等动作来调节体态和高度;目光要平视对方的眼睛,以表示尊敬和正在注意听取对方的谈话。

服务人员的仪态,不仅展示着服务者的素养和职业规范,也体现了服务者的工作态度。姿态不雅就是对客人的不尊重。不当的举止还可能导致客人的误解。因此,仪态的训练十分必要。

仪态可以概括为面部仪态、静态仪态、动态仪态三类,主要包括目光、微笑、站姿、坐姿、行姿、蹲姿、鞠躬和手势等。

一、面部仪态

(一)目光

人的眼睛最富于表情,从一个人的眼睛中,往往能看到他的整个内心世界。一个人良好的交际形象,目光是坦然、亲切、和蔼、有神的。特别是在与人交谈时,目光应该注视对方,不应该躲闪或者游移不定。服务中,若能善于运用目光,可以使自己变得更加友善和亲切,更容易得到顾客的信任。

1. 视域

视域是指人们目光所及的范围。我们将目光集中在所要观察的目标上。注视的目光显示出我们的认真。当目光注视某一较小范围超过 5 秒时,我们称之为凝视。当目光长时间固定于某一焦点时,我们称之为盯视。

目光的凝视区域是指人的目光所落的位置。根据交往对象和交往场合的不同,目光凝视区域也不同,一般划分为以下三种情况:

(1)公务凝视区域:以两眼为底线,额中为顶角形成的正三角区。这种凝视会显得严肃认真,对方也会觉得你有诚意,容易把握住谈话的主动权和控制权。

(2)社交凝视区域:两眼为上线,下巴为顶角所形成的倒三角区。这种凝视能给人一种平等、轻松感,从而创造出一种良好的社交气氛。

(3)亲密凝视区域:双眼到胸部之间的方形区域。这是亲人、恋人、家庭成员之间使用的一种凝视，往往带着亲昵爱恋的感情色彩，所以非亲密关系的人不应使用这种凝视，以免引起误解。

2. 视线

视线的把握，要求我们注意目光注视的角度。视角可以分为三种：

（1）平视。

观察物与眼睛平齐时，视线水平送出，即为平视。与人交谈时应当尽量做到平视对方。在服务工作中，平视是一种常规要求。平视表现出双方地位的平等，使服务人员可以不卑不亢地投入工作。

（2）仰视。

仰视指仰面向上看，或是抬头向上看，现代人也常用来表达对某人或某事的敬慕、敬仰和向往之情。抬起头朝上看容易表现出敬仰、高度重视的态度。低着头朝上看往往表现出羞涩、胆怯、谦虚、低调。服务中，仰视并不多用。只有当本人所处位置较对方低，必要时需抬头向上仰视对方。

（3）俯视。

俯视他人往往带有自高自大、傲慢不屑的意味，服务中应该避免这种注视。如果对方的位置低于自己的眼睛，例如客人坐着，服务员站着时，应当轻微俯身，尽量减小俯视的视角差。

3. 目光运用技巧

（1）正视对方。

与人打招呼、交谈、致谢，向人道歉时，如果能够看着对方，会使人感到你的真诚、友善、信任、尊重。交谈中，还要注意目光注视对方的同时，应使身体伴随对方的移动而适当转动。尽量使自己面朝对方、注视对方。这是一种基本礼貌。斜眼看人、扭头视人或者偷偷看人，都难以表达出尊重他人的意思。

（2）注视对方。

与人交谈时，往往会伴有目光的交流。面对面交谈时，出于礼貌，我们需要注视对方。如果目光左顾右盼、东张西望，对方会感到你是心不在焉，缺乏诚意或是心中有鬼。注视中应当正确把握视域，非亲人之间，注视对方的头顶、胸部、腹部、臀部或大腿,都是失礼的表现。特别是与异性交谈中,特别要控制好视域。

(3) 避免盯视、扫视。

目光的运用应该"散点柔视",即让目光均匀地洒在对方脸上。如果谈话中出现短暂的沉默,应当将视线暂时从对方脸上移开,恢复交谈时再注视对方脸部。一直盯着对方看,会给对方形成心理压力,让对方感到紧张。

扫视,即用目光上下打量他人,这种目光会让被注视的人感觉自己被怀疑、不被尊重。这是一种对他人极不礼貌的目光,在日常社交中忌用这种目光。服务人员在工作中尤其应当避免对客人使用扫视的目光。

(二) 微笑

在人与人之间,它是一个表达方式,表示愉悦、欢乐、幸福,或乐趣。微笑是不分文化、种族或宗教,每个人都能理解的,它是国际通用的。跨文化研究表明,面带微笑是世界各地情感沟通的手段。由于微笑可以迅速带来融洽的沟通氛围,它已成为一种基本的服务岗位礼仪规范。

1. 微笑的意义

日常生活中,笑容有很多种:大笑、微笑、偷笑、冷笑、嘲笑、怪笑、狞笑、狂笑等。每一种笑容都传达出不同的心理,并产生不同的感受。只有微笑,给人以平静、柔和、亲切、善意、信任之感,从而成为交往中通行的礼貌举止。人际交往中,保持微笑,至少具有以下一些作用:

(1) 表现心境良好。面露平和欢愉的微笑,说明心情愉快,充实满足,乐观向上,善待人生,这样的人更容易展示性格的魅力,也更容易吸引他人。

(2) 表现充满自信。保持微笑,表明对自己的能力有充分的信心,以不卑不亢的态度与人交往,使人产生信任感,容易被别人真正地接受。

(3) 表现真诚友善。微笑反映自己心底坦荡,善良友好,待人真心实意,而非虚情假意,使人在与其交往中自然放松,不知不觉地缩短了心理距离。

(4) 表现乐业敬业。工作岗位上保持微笑,是热爱本职工作、乐于恪尽职守的表现。同时，微笑更是可以创造一种和谐融洽的气氛，让服务对象备感愉快和温暖。

女士微笑

男士微笑

2. 微笑的要领

微笑是指嘴角上扬的浅笑，往往笑不露齿。但是，在服务接待工作中，尤其是女性服务员，露出牙齿的笑容看上去更加甜美、亲切。因此，有"露出 8 颗牙齿的微笑最美丽"之说。不论露齿与否，微笑都应面含笑意，笑不作声。

微笑时，先要放松自己的面部肌肉，然后让自己的嘴角两端平均地向上翘起，使嘴唇呈现弧形。

平时可以多进行微笑练习。练习时，可以站在镜子前，按照上述方法反复进行。每次微笑后，保持几秒钟的定型，对比寻找出自己感觉最美的微笑。之后重复多次这一微笑动作。闭上眼睛，继续重复刚才的动作，感觉面部肌肉的位置。当最美的微笑动作熟练成自然后，你就可以随时而轻松地呈现自己美丽的微笑了。

二、静态礼仪

静态礼仪包括人们在社交活动中各种姿态行为的规范，包括人的站姿、坐姿。优美的站姿、坐姿都会给人留下良好的印象。

（一）站姿

无论是在人们的日常交往中，还是在社交场合，站立的姿势都是最基本的举止。虽然站姿属于以静为主的动作，但是又不能太死板。"站如松"虽然要求站立要像傲然挺立的松树一样，但也不能像一具站起来面无表情的僵尸。它的基本美学原则是：男士要挺拔、庄重；女士要舒展、优雅。要想达到这些美学标准，必须长期坚持严格训练，像职业军人一样，威武阳刚，像空姐一样，仪态大方。

1. 站姿的基本要求

头容正，肩容平，胸容宽，背容直，双目平视，下颌微收，面带微笑，挺胸，收腹，立腰，双肩放松，双臂自然下垂。

（1）男士的站姿要求。

两膝并严，脚跟靠紧，脚掌分开呈 V 字形，挺髋立腰，吸腹收臀，双手置于身体两侧，自然下垂。也可以两腿分开，两脚平行，但不能超过肩宽。这种垂手式站姿一般用于较为正式的场合，如参加企业的重要庆典、聆听贵宾的讲话、秘书谈判后的合影等。当然也有叉手站姿和背手站姿。

男士站姿

（2）女士的站姿要求。

双脚呈 V 字形，膝和脚后跟，尽量靠拢，或者一只脚略前，一只脚略后，前脚的脚后跟稍稍向后脚的脚背靠拢，后脚的膝盖向前推靠拢。在基本站姿的基础上，双手搭握，稍向上提，放于小腹前。这种握手式站姿主要适用于女士。

2. 站姿的注意事项

① 站立时，以鼻子为中线的人体应大体成直线，使竖看有直立感；肢体及身段应给人舒展的感觉，使横看有开阔感；从耳至脚踝骨应大体成直线，使侧看有垂直感。

② 站立交谈时，身体不要倚门、靠墙、靠柱，双手可随说话的内容做一些伴随手势，但动作不能太多、太大，以免显得粗鲁。不要将手插入裤袋或交叉抱在胸前，更不能下意识地做小动作。

③ 站立时不应东倒西歪、两脚间距过大、耸肩驼背、左摇右晃。

④ 要注意精神气质，不能萎靡不振，要神清气爽。"自信人生二百年，会

当水击三千里。"否则，会给人一种缺乏自信的表现，最好不让那些透漏你内心世界的姿势展示给别人。

女士站姿

（二）坐姿

优雅的坐姿传递着自信、友好、热情的信息，同时也显示出高雅庄重的良好风范，要符合端庄、文雅、得体、大方的整体要求。坐姿与站姿同属一种静态造型。正确规范的坐姿要求端庄而优美，给人以文雅、稳重、自然大方的美感。坐是举止的主要内容之一，无论是伏案学习、参加会议，还是会客交谈、娱乐休息，都离不开坐。坐姿要求"坐如钟"，指人的坐姿像座钟般端直，当然这里的端直指上体的端直。优美的坐姿让人觉得安详、舒适、端正、舒展大方。不注意坐姿，很容易造成脊柱弯曲，身体畸形。

1. 坐姿的基本要求

神态从容自如（嘴唇微闭，下颌微收，面容平和自然），双肩平正放松，两臂自然弯曲地放在腿上，亦可放在椅子或是沙发扶手上，以自然得体为宜，掌心向下。坐在椅子上，要立腰、挺胸，上体自然挺直。双膝自然并拢，双腿正放或侧放，双脚并拢或交叠或成小 V 字形。男士两膝间可分开一拳左右的距离，脚态可取小八字步或稍分开以显自然洒脱之美，但不可尽情打开腿脚，那样会显得粗俗和傲慢。坐在椅子上，应至少坐满椅子的 2/3，宽座沙发则至少坐 1/2。落座后至少 10 分钟左右不要靠椅背。久了，可轻靠椅背。谈话时应根据交谈者的方位，将上体双膝侧转向交谈者，上身仍保持挺直，不要出现自卑、恭维、讨好的姿态。要尊重别人但不能失去自尊。

女士坐姿 1

女士坐姿 2

女士坐姿 3

男士坐姿 1

2. 入座与离座的基本要求

（1）入座时的基本要求。

在别人之后入座。出于礼貌，和客人一起入座或同时入座时，要分清尊卑，先请对方入座，自己不要抢先入座。

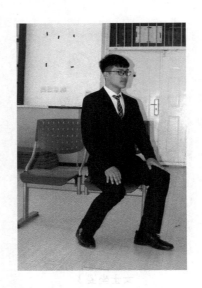

男士坐姿 2

从座位左侧入座。如果条件允许,在就座时最好从座椅的左侧接近它。这样做,是一种礼貌,而且也容易就座。向周围的人致意。在就座时,如果附近坐着熟人,应该主动跟对方打招呼。即使不认识,也应该先点点头。在公共场合,要想坐在别人身旁,必须征得对方的允许,还要放轻动作,不要使座椅乱响。

以背部接近座椅。在别人面前就座,最好背对着自己的座椅,这样就不至于背对着对方。得体的做法是:先侧身走近座椅,背对着站立,右腿后退一点,以小腿确认一下座椅的位置,然后随势坐下。必要时,用一只手扶着座椅的把手。

(2)离座时的基本要求。

① 先有表示。

离开座椅时,身旁如有人在座,须以语言或动作向其先示意,随后方可站起身来。

② 注意先后。

与他人同时离座,须注意起身的先后次序。地位低于对方时,应稍后离座,地位高于对方时,则应首先离座;双方身份相似时,可同时起身离座。

③ 起身缓慢。

起身离座时,最好动作轻缓,无声无息,尤其要避免弄响座椅,或将椅垫、椅罩弄得掉在地上。

④ 从左离开。

从座位起身后，宜从左侧离去。

⑤ 站好再走。

离开座椅站定之后，方可离去。

3. 坐姿的注意事项

第一条：入座以后上身要挺直腰板，不要东倒西歪。

第二条：女士坐下以后要双腿并拢，尤其是穿裙子的女士，否则容易走光。

第三条：双手做交叉状放在腿上或者直接双手放在膝盖上。

第四条：女士的双膝要并拢，男士可以适当地分开，但是不可以大开腿。

第五条：双目平视，嘴唇微闭，微收下颌，面带笑容。

三、动态礼仪

"我走过的路比你吃过的盐还多。"这是人们常常听到的一句话。但是否有人会对此产生疑问："走了那么多的路，你会走路吗？"如果真有人问出此话，一定会让人觉得奇怪。但事实上是，即使你从一岁时就学会了两条腿横行地球，你也未必真会走路。生活中，人们走路的样子千姿百态，有的步伐矫健、轻松、敏捷，使人联想到健康、活力、富有朝气；有的步伐稳健、自然、大方，给人以沉着、斯文的感觉；有的步伐铿锵有力，有的步伐如风一样轻盈，健美的步态可以表现出一个人蓬勃向上的精神状态，会给人留下美好的印象。

（一）正确的走姿

走姿文雅、端庄，不仅给人以沉着、稳重、冷静的感觉，而且也是展示自己气质与修养的重要形式。注意走姿也可以防止身体的变形走样，甚至可以预防颈椎疾病。正确的走姿应该脚尖向着正前方，脚跟先落地，脚掌紧跟着落地，两腿交替迈步，并且大致走在一条等宽的直线上。脚步要干净利索，要"行如风"，步履要轻快，两臂应在身体两侧自然摆动，节奏快慢适当，给人一种矫健轻快、从容不迫的动态美。如果你能坚持走一辈子的"正路"，那么你的颈椎会终身受益。

女士走姿1

女士走姿2

女性的步态要自如、匀称、轻柔，以显示出端庄、文静、温柔、典雅的女子窈窕之美。女子穿裙子时要走成一条直线，使裙子的下摆与脚的动作显示出优美的韵律感。穿裤子时，走成两直线，步幅稍微加大，才显得生动活泼。走路的美感产生于下肢的频繁运动与上体稳定之间所形成的对比和谐，以及身体的平衡对称。要做到出步和落地时脚尖都正对前方，挺胸抬头，迈步向前。

走路时步态美不美，是由步度和步位决定的。如果步度和步位不符合标准，那么全身摆的姿态就失去了协调的节奏，也就失去了自身的步韵。女士穿的是旗袍或筒裙，脚下又穿了高跟鞋，那么步度就要比平时穿裤子或平底鞋小一些，因为旗袍的下摆小，高跟鞋从脚跟到脚尖的长度比平底鞋短，而穿着高跟鞋走路，步度便显得婀娜多姿。走路时，膝盖和脚腕都要富于弹性，肩膀应自然轻松地摆，使自己走在一定的韵律中，显得自然优美，否则会失去节奏感，显得浑身僵硬。

1. 各种场合的走姿

走步还要分场合，脚步的强弱、轻重、快慢、幅度及姿势，应与出入的场合相适应，步态要因人、因事、因地而宜。

花园里散步要轻而缓；走进会场、走向话筒、迎向宾客，步伐要稳健、大方；进入办公机关、拜访别人，在室内脚步应轻而稳；办事联络，步伐要快捷、稳重，以体现效率、干练；参观展览、探望病人，脚步应轻而柔，不要出声响；参加婚礼等喜庆活动，步态应轻盈、欢快、有跳跃感；参加吊丧活动，步态要缓慢、沉重，以反映悲哀的情绪。

2. 走姿的注意事项

走路的姿势不好，会影响人的美观，会导致腿部肥胖，当然，如果是先天遗传的腿形问题，我们不能在背后嘲笑别人的缺陷，这是缺乏道德和修养的表现。下面提示几种错误的走路姿势。

（1）走路最忌内八字和外八字。

很多日本女人都是内八字走法，这种走法长久下来会造成O形腿。外八字走法会使膝盖向外，让人看起来没有气质，腿型也会变丑，甚至产生X形腿。

（2）踢着走。

有些人因为怕地上的脏水或脏东西弄脏鞋子或裤子，会有一种习惯，就是踢着走。踢着走的时候身体会向前倾，走路时只有脚尖踢到地面，然后膝盖一弯，脚跟就往上提。所以，走路的时候腰部很少出力，很像走小碎步。

（3）压脚走。

与踢着走很类似，但是这种压脚走的方式却使双脚着地的时间比提脚走的人长。走的时候整个身体重量会压在脚尖上，然后再抬起来。长久下去，会导致腿肚的肌肉越来越发达，那就会有讨厌的罗圈腿出现。

（4）踮着脚尖走。

踮着脚尖走的人，其实本意是为了使步伐更美妙但很容易导致萝卜腿。

（5）走路时，不要甩手或把手插入衣袋内，不要倒背着手。

（6）走路不要扭腰摆臀，歪肩晃膀，弯腰驼背，这样有伤大雅，不美观。

（7）走路也不要左顾右盼、盯住行人乱打量或指指点点对别人评头论足，这样有失礼貌。

（8）双脚踩着两条平行线走路是有失雅观的。两只脚所踩的应该是一条直线，而不是两条平行线。

（二）蹲姿

蹲姿虽然不像站姿、坐姿那样频繁使用，但也是不能忽视的体态。有时铁路客运服务人员不得不蹲下去，拾一些东西，但一般人比较习惯随意地弯下腰，使臀部向后翘起，上身向前倒，看上去实在不雅观，也不礼貌，而且容易损伤腰部的肌肉。注意自己举止的人，尤其是女士，应该注意蹲的姿态。

1. 正确的蹲姿

（1）一只脚在前，另一只脚在后向下蹲下，前一只脚的小腿垂直于地面，用全脚撑地，两条大腿紧靠，后一只脚的脚跟提起，并用前脚掌撑地；前脚的膝盖高于后脚的膝盖，臀部向下，上身基本保持直线，稍向前倾。

（2）也可以两脚并拢弯下膝盖朝下蹲，臀部向下，上身保持直线。

2. 蹲姿的注意事项

（1）女士下蹲时，一定要将两腿靠紧，臀部向下。

（2）男士下蹲时，两腿间可有适当距离，如果能注意到头、胸和膝关节的角度，会使蹲姿更加优美。

女士蹲姿

男士蹲姿

（三）鞠躬

鞠躬是中国、日本、韩国、朝鲜等国家传统的、普遍使用的一种礼貌举止。常用于欢迎、致谢、道歉、悼念等场合。鞠躬用于服务中，更能显示服务者热情、真诚、恭敬的服务态度，往往会给旅客良好的印象。

1. 鞠躬的不同姿态

鞠躬一般分为四种：

点头礼——15°鞠躬；普通的鞠躬、中礼——30°鞠躬；恭敬的鞠躬、敬礼——45°鞠躬；诚恳的道歉鞠躬——90°的大鞠躬。

鞠躬行礼时，应该顺应不同的时间及场合。在街上或公司遇见上司或公司的前辈时，只需行点头礼便可；到对方的单位访谈或接待初次前来的访客时，要行鞠躬礼。

2. 动作的要领

鞠躬时，以臀部为轴心，将上身挺直，向前倾斜，倾斜的角度也不一样，一般是90°、45°和15°，目光随身体自然下垂到脚尖1.5 m处，鞠完躬之后，再恢复到标准的站姿，目光再注视对方脸部。弯腰速度适中，之后抬头直腰，动作可慢慢做，这样会令人感觉很舒服。

3. 应注意避免的姿态

（1）只弯头的鞠躬。

（2）不看对方的鞠躬。

（3）头部左右晃动的鞠躬。

（4）双腿没有并齐的鞠躬。

（5）驼背式的鞠躬。

（四）手势

手势语是肢体语言的重要部分。它指的是人在运用手臂时，所出现的具体动作与体位。它是人类最早使用的，至今仍被广泛运用的一种交际工具。在一般情况下，手势既有处于动态之中的，也有处于静态之中的。在长期的社会实践过程中，手势被赋予了种种特定的含义，具有丰富的表现力，加上手有指、腕、肘、肩等关节，活动幅度大，具有高度的灵活性，手势便成了人类表情达意的最有力的手段，在体态语言中占有最重要的地位。各种形式多样的手势不仅是人们交流沟通中必须借助的形式，同时也包含着丰富的礼仪。戏剧大师萨米·莫尔修曾说："身体是灵魂的手套，肢体语言是心灵的话语。认识肢体语言，等于为彼此开了一条直接沟通、畅通无阻的大道。"在与人交往中恰当地运用手势来表情达意，能够起到良好的沟通作用，也会使自己更显优雅和更有风度。

1. 常用手势

（1）站时。

① 双手指尖朝下，掌心向内，在手臂伸直后分别紧贴于两腿裤线之处。

② 双手伸直后自然相交于小腹处，掌心向内，一只手在上一只手在下地叠放或相握在一起。

③ 双手伸直后自然相交于背后，掌心向外，两只手相握在一起。

（2）坐时。

身体趋近桌子，尽量挺直上身，将双手放在桌子上时，可以分开、叠放或相握。但不要将胳膊支起来，或是将一只手放在桌子上，一只手放在桌子下。

（3）递接物品。

双手为宜。不方便双手并用时，就使用右手递接，用左手通常被视为无礼；将有文字的物品递交他人时，须使之正面面向对方；将带尖、带刃或其他易于伤人的物品递于他人时，切勿以尖、刃直指对方。

（4）展示物品。

① 将物品举至高于双眼之处，这适于被人围观时采用。

② 将物品举至上不过眼部，下不过胸部的区域，这适用于让他人看清展示之物。

（5）指示方位。

横摆式，即手臂向外侧横向摆动，指尖指向被引导或指示的方向，适用于指示方向时。

直臂式，手臂向外侧横向摆动，指尖指向前方，手臂抬至肩高，适用于指示物品所在。

曲臂式，手臂弯曲，由体侧向体前摆动，手臂高度在胸以下，适用于请人进门时。

斜臂式，手臂由上向下斜伸摆动，适用于请入座时。

以上四种形式，都仅用一只手臂，另外一只手臂此时可垂在身体一侧或背于身后。

横摆式

（6）握手。

2. 常见的错误手势

（1）指指点点。用手指对着别人指指点点，与人谈话时尤其不要这样做，假如用手指指点对方的面部，特别是指着对方的鼻尖，更是对对方的不恭敬。

（2）随意摆手。面对旅客时，不要随意向对方摆手，摆手的一般含义是拒绝别人，有时还有极不耐烦之意。

（3）双臂抱起。双臂抱起，然后端在自己身前，这一姿势，往往暗含孤芳自赏之意。若在旅客面前有如此表现，自然会令人心生不快。

（4）双手包头。服务于人时这样做，会给人以目中无人的感觉。

（5）摆弄手指。反复摆弄自己的手指会给人以歇斯底里之感。

（6）手插口袋。工作中如果把一只手或双手插在自己的口袋里，会给人以忙里偷闲，工作并未竭尽全力的感觉。

（7）搔首弄姿。切忌在工作岗位上整理自己的服饰，或为自己梳妆打扮。

（五）服务距离

1. 交往距离的分类

一般情况下，很多中国人对交往中彼此之间的空间距离并不十分在意。有些时候，关系密切的人会借距离来表达"亲密无间"。但是，通常而言，西方人对人际交往中的距离非常重视。在他们看来，关系不同的人，有着各不相同的"交际圈"。换句话说，西方人普遍认为，人与人之间不同的空间距离，实际上与其彼此之间不同的心理距离直接相关。因此，"距离有度"已经成为服务礼仪，特别是涉外服务礼仪的基本守则之一。

"距离有度"的具体要求是：服务人员在正式场合与旅客交往时，应视当时的具体行为关系的不同，与旅客保持适应双方关系的适度的空间距离。如果与旅客相距过近，会令旅客产生不悦之感；若与旅客相距过远，则会影响服务工作的正常开展。

服务人员与旅客之间的空间距离，大致可以分为以下三种：

（1）私人距离。

私人距离是指交往双方彼此之间的距离小于 0.5 m。一般而言，此种距离仅仅适用于家人、恋人和亲密的朋友之间；或是对老、弱、病、残、孕等特殊人群进行必要的照顾时，所以，私人距离又被称为"亲密距离"。

（2）社交距离。

社交距离是指交往双方彼此之间的距离在 0.5～3.0 m。这种距离，主要适用于一般性的各种人际交往。因此许多时候又被称为"常规距离"。在绝大多数情况下，服务人员与旅客打交道时，均应与对方保持这种距离。

（3）公共距离。

公共距离是指大于3 m的距离。该距离主要适用于服务人员在公共场合中与素不相识的旅客共处之时。按照西方人的习惯，在公共场合中，陌生人之间绝对不宜相距过近，否则会令彼此都感觉不适。此种距离，有时也被称为"有距离的距离"。

2. 服务距离的标准

（1）服务距离。

一般应该保持在0.5~1.5 m；在这样的距离中相处，能够进行常规的服务工作，例如检票、递送物品等。

（2）引导距离。

一般应该保持在1.5 m左右，并行进或跟随在旅客的左前或左后方进行指引。

（3）待命距离。

一般应该保持在3 m以上，能够给旅客宽松的空间感受，实现"零干扰"的服务状态。

（4）展示距离。

一般应该保持在1~3 m；可视展示物品的大小、展示范围的大小等条件的不同选择展示距离的远近。

（5）禁忌距离。

小于0.5 m的私人距离。

实训设计

一、实训目的和要求

1. 掌握服务礼仪中的微笑表情规范。
2. 掌握规范的服务姿态，形成习惯意识。
3. 掌握各种不同手势的基本规范和应用。

4. 掌握服务场合的交际距离规范。

二、实训内容

1. 仪态礼仪操的学习与练习。

2. 实训项目：

（1）微笑练习。

（2）仪态练习。

（3）服务距离练习。

三、实训评价

1. 学生评价。

2. 教师评价。

项目三

铁路客运服务人员的服务语言礼仪

学习目标

1. 知识目标
掌握服务人员的礼貌用语
熟悉客运服务的沟通技巧

2. 能力目标
能熟练应用礼貌称呼
能正确行握手礼
能规范使用服务礼貌语言
能应用基本的服务沟通技巧

任务一 服务语言礼仪概述

案例导入

李小姐自己刚年检的驾照被扣了3分。"年检后从没办过违章,也没有把驾照借给别人。"她气不打一处来,质疑自己是不是被黑了,对着接待她的民警吼了起来。接待她的民警没争辩,一直微笑着耐心听她抱怨完,然后开始查询。发现李小姐去年在窗口打印了一张扣200元、3分的违章处理单,但一直没交钱。"这就知道原因了。年审后，去年 12 分清零，未处理的 3 分累积到新一年的记分周期，因此被扣去 3 分。"交警调出了扣分明细，李小姐一看明细便消了气，连忙致歉。事后，刘小姐说："她一直微笑着，说普通话，让我觉得自己很没素质。"

知识储备

语言是人们日常生活、工作和社交活动中进行信息交流、情感沟通的主要方式。礼貌的言谈不仅是修养和风度的体现，也是人与人和谐相处、增加好感的必要条件。

除了使用礼貌用语之外，见面礼仪是日常社交礼仪中最常用与最基础的礼仪。特别是从事服务行业的人，掌握一些见面礼节，能给客人留下良好的第一印象，为以后顺利开展工作打好基础。

一、礼貌用语

礼貌用语是指在语言交流中使用具有尊重与友好的词语。礼貌用语是尊重他人的具体表现，是友好关系的敲门砖。如果能做到言之有礼，谈吐文雅，就会给人留下良好的印象；相反，如果满嘴脏话，甚至恶语伤人，就会令人反感厌恶。

（一）礼貌用语的特点

1. 言辞的礼貌性

人际交往中通过礼貌用语相互表示谦虚恭敬，展示出友好得体的风范。言辞的礼貌，主要通过使用敬语、谦语和雅语来体现。敬语与谦语相对，不论是敬人还是自谦，都是"礼"的表现。例如：以"贵"称呼对方，用"愚"称呼自己；"久仰大名""先生高见""在下孤陋寡闻，还请多指教"等。敬语和谦语现在多用于正式场合和不熟识的人之间。诸如"请问贵姓""身体发福""我去方便一下"之类的雅语，在生活也较常用。

2. 用语的委婉性

语言沟通中，要很好地体现礼貌原则，就要恰当地使用委婉语，避免使用过激和生硬的词语。向他人征询意见、请他人协助工作、拒绝他人请求时，都应使用委婉的语气和词语。特别是在待客服务中，应避免直接指出客人的错误，而应理解客人，给其留面子。

3. 语言的规范性

我们的日常工作和生活中，有许多约定俗成的语言使用形式及使用场合。我们只需遵从和沿用，不宜另辟蹊径、特立独行。例如，"欢迎光临"和"欢迎莅临"都是表示对来访者的欢迎，但是，前者多用于口头表达，后者多见于书面表达，且特指上级对下级的到访。

4. 使用的灵活性

针对不同的交往对象，礼貌用语应灵活变化。例如，与熟识的人之间可以称兄道弟，以增进情感，但与商业伙伴初次会谈时，称兄道弟就显得不合时宜了。不同文化背景使用的礼貌语言也有差异。例如，我国常见的祝贺语"恭喜发财"在新加坡就很少使用，因为，新加坡人认为，如此恭祝有发横财之意。

（二）礼貌语的类型

1. 问候语

问候语，又叫见面语、招呼语，它短小简单，是人们生活中最常用的重要交际口语。语言又是生活的一面镜子，是社会的全息影像，语言的变化是社会发展的必然结果。从20世纪50年代到今天，问候语发生了显著的变化。问候语的变迁正是和着时代的脉搏，折射出社会巨变下人们心理动荡、激变的轨迹。从问候语的变迁，我们可以看到社会的变迁及人的思想观念、社会价值取向的变迁。问候语亦可以表示自己对别人的尊重。

2. 告别语

告别语通常用于与人分别之时。最常用的告别语主要有"再见""慢走""走好""欢迎再来""一路平安""多多保重"等。活动未结束，需要先行离开时，应该告知同伴。会见结束双方分别时，客方会对主方的接待表示感谢，主方也会对客方的到来表示感谢，双方再次互祝前程。

3. 感谢语

关心、帮助有大有小，人们往往对大的关心、帮助会感激不尽，而会忽略日常生活中得到的细小帮助。当有人为你开门，在街上为你指路，捡起你掉的东西时，你都应该向人及时表示谢意。对别人说声"谢谢"，意味着你对别人提供的帮助表示肯定，是一种礼貌的行为。得到别人的关心和帮助，表示感谢的方式可以多种多样，如口头致谢、书面致谢、电话致谢或由他人转达谢意等。口头致谢是应用最多的一种感谢方式，因为口头致谢可以在任何时间、任何地点、任何场合使用，所以也是最直接、最有效的方式。

4. 道歉语

在日常工作和生活中，有时会因某种原因打扰别人、影响别人，或是给别人带来某种不便，在这种情况下，均应向人表示歉意。表示歉意的词语通常有"对不起""请原谅""很抱歉""打扰了""给您添麻烦了"等。道歉能使人与人之间即将产生冲突的气氛缓和下来，使大事化小、小事化了，甚至化干戈为玉帛。向人表示歉意时，首先要敢于面对现实，真心实意地表达歉意，绝不能遮遮掩掩、扭扭捏捏、自我开脱。其次要注意方式。对于一些比较严重的误会或口角纠纷，事后感到自己有错，可以当面委婉地表示歉意，还可以通过书信、第三者转达等方式向人道歉。道歉之后应有改正过失的行动，才能最终得到对方的谅解。

5. 请托语

在社会生活中，向人询问、求助是经常发生的事。看似平常的几个字，实际上却反映了一个人的修养和文明程度。询问之前首先要选择合适的称呼语，不能不加称呼，也不能用"喂"来代替，更不能用一些不礼貌的称呼，如"老头""戴眼镜的"等。其次，应学会使用请求语，如"请""请问""麻烦您""劳驾"等。最后，对方答复自己的询问后应及时向其表示感谢，语气应恳切，态度要真诚。

6. 应答语

在日常工作和生活中，经常会遇到别人有事相问或相求。怎样答复他人也体现着一个人的礼貌修养。首先，应该本着互助的精神，尽力回答他人的询问。必要时应暂时搁下手中的事情热情回应。其次，回答问话应耐心、细致、周到、详尽。如果是询问公务上的事，应尽量做到详尽准确，绝不能模棱两可，简单了事。最后，当被问到不了解的情况时，应向对方表示歉意，或者帮助找其他人解答，绝不可敷衍应付或信口开河。

7. 祝贺语

亲朋好友、同事或其他相识的人，在取得成就或迎接挑战时，应当及时送上祝贺或祝福，这是一种礼貌，也是人之常情。可以说一些通用的祝贺语，如"恭喜恭喜""祝贺成功""祝你好运""事业成功""生意兴隆"等。逢年过节、举行庆典时，祝福也不可缺，此时还应注意赶在节日气氛浓烈之时及时送上祝福。

8. 推托语

面对他人的请求，自己无力实现或事情有违自己的原则时，应该直接拒绝。但要注意语气的婉转，并表示歉意。拒绝他人也是一门艺术，处理不好，可能会破坏双方之间友好的关系。特别是服务中，面对客人的一些非常规要求，如插队购票、无票乘车、违规通行等，服务人员应该学会悉心解释、友好拒绝和妥善处理。

（三）礼貌语的使用原则

1. 态度要诚恳亲切

很多时候，说话的神态、表情比语言本身更能表现你的想法和感情。例如，当你向别人表示祝贺时，如果嘴上说得十分动听，而表情却是冷冰冰的，那对方一定认为你只是在敷衍而已。所以，说话必须发自心声，才能使对方对你的说话产生表里一致的印象，对方才能感受到你的真诚。

2. 用语要谦逊文雅

多用敬语、谦语和雅语，能体现出一个人的文化素养以及尊重他人的良好品德。服务岗位的工作人员应坚持使用"请""你好""谢谢""对不起""再见"等基本礼貌用语。平时还应多练习使用雅语，以促进与客沟通并提高服务水平。

3. 声音要大小适当

日常交谈时，无论是普通话、外语、方言，咬字要清晰，音量要适度，以对方听清楚为准，切忌大声说话；语调要平稳，尽量不用或少用语气词，使听者感觉平和自然。说话声音过快，给人以敷衍了事、催促应付之感；说话声音过慢，会让别人觉得工作能力不强，浪费彼此的时间。

4. 表达要清晰准确

服务人员在工作中应当使用普通话，口齿清晰，发音准确，无错字、别字。特别是面向服务对象的时候，服务人员的一言一行都会影响客人的判断。在回答客人的问题时，应当就自己所知道和了解的情况进行准确、简练的回答，不能意思含糊、模棱两可，更不能随意地给客人承诺。

（四）礼貌语的使用禁忌

1. 错字、别字

读错字、写别字或是把别人的名字认错，会给人留下素质不高、工作能力不强的印象。

2. 不礼貌的语言

不礼貌的语言包括粗话、脏话，这是语言中的垃圾，必须坚决清除。

3. 他人忌讳的语言

他人忌讳的语言是指他人不愿听的语言，交谈中要注意避免使用。如谈到某人死了，可用"病故""走了"等委婉的语言来表达。港、澳、台同胞忌说不吉利的话，喜欢讨口彩。特别是香港人有喜"8"厌"4"的习惯。因香港人大都讲广东话，而广东话中"8"与"发"谐音，"4"与"死"同音。因此，在遇到非说"4"不可时，多用"两双"来代替。逢年过节时，不能说"新年快乐"或"节日快乐"，而用"新年愉快""节日愉快"或"恭喜发财"代之。这也是谐音的关系，因为广东话中"快乐"与"快落"听起来很相似。

4. 容易引起误解和不快的语言

容易引起误解和不快的语言也要注意回避。如议论他人长相时，可把"肥胖"改说成"丰满"或"福相"，"瘦"则用"苗条"或"清秀"代之。又如在探望病人时，不应说消极的话，而应多说宽慰的话，如"你的精神不错""你的气色比前几天好多了"等。在日常生活中，如遇到矛盾冲突时，应冷静处置，尽量不用指责的语言，多用谅解的语言。

二、见面礼节

在来去匆匆的社会交往中，我们每天都会与熟人、生人、领导、客户、客人碰面，见面行礼是基本的礼貌。目前，国际上较为常见的见面行礼方式包括称呼、介绍、握手、鞠躬、亲吻、拥抱等。

（一）称呼礼

称呼即称谓，指的是人们在交往中，用以表示彼此关系的名称用语。不论是在口头语言，还是在书面语言中，礼貌的称呼对于交往都十分重要。称呼的运用与对待交往对象的态度直接相关，是给对方的第一印象。因此，称呼对方时千万不可马虎大意。在交往中，我们既要注意学习、掌握称呼的基本规律和通常的用法，又要在涉外服务和工作中特别注意各国之间的差别，区别对待。

1. 几种主要的称呼方式

在正式的交往场合，称呼应当庄重、规范得体，以表示对称呼对象的尊重和友好。经常选用的称呼主要有以下几种：

（1）泛尊称。这种称呼几乎适合于各种社交场合。对男子一般称"先生"，对女子称"夫人""小姐""女士"。应该注意的是，在称呼女子时，要根据其婚姻状况，已婚女子称"夫人"，未婚女子称"小姐"，对不知婚姻状况和难以判断的，可以称之为"女士"。在一些国家，"阁下"一词也可以作为泛尊称使用。泛尊称可以同姓名、姓氏和行业性称呼分别组合在一起，在正式的场合使用。如："克林顿先生""玛格丽特·撒切尔夫人""上校先生""秘书小姐"等。

（2）职务称。在工作中，以交往对象的行政职务相称，以示身份有别并表达敬意，是公务交往中最为常见的。在实践中，它具体又可分为如下三种情况：

一是仅称行政职务，例如，董事长、总经理、主任，等等。它多用于熟人之间。

二是在行政职务前加上姓氏，例如，赵董事、徐经理、李秘书，等等。它适用于一般场合。

三是在行政职务前加上姓名，例如，王惟一董事长、滕树经理、林荫主任，等等。它多见于极为正式的场合。

（3）职衔称。在一些有必要强调科技或知识含量的场合，可以把学衔作为称呼，以示对对方学术水平的认可和对知识的强调。它大体上有下面四种情况：

一是仅称学衔，例如，博士。它多见于熟人之间。

二是在学衔前加上姓氏，例如，王博士。它常用于一般性交往。

三是在学衔前加上姓名，例如，明辉博士。它仅用于较为正式的场合。

四是在具体化的学衔之后加上姓名，即明确其学衔所属学科，例如，经济学博士王××、工商管理硕士陈××、法学学士林××，等等。此种称呼显得最为郑重其事。

（4）职业称。对不同行业的人士，可将被称呼者的职业作为称呼，如"老师""教练""警官""医生"等。在这些职业称呼前面，还可以连同姓名、姓氏一起使用。

（5）姓名称。在一般性场合，彼此比较熟悉的人之间，可以直接称呼他人的姓名或姓氏。中国人为表示亲切，还习惯在被称呼者的姓前面加上"老""大"或"小"等字，而免称其名。如"老王""小张"。还有更加亲密者，往往不称其姓，而只呼其名的。

（6）特殊性的称呼。对于特殊身份的人，例如君主制国家的王室成员或神职人员，应该用专门的称呼。如在君主制国家，应称国王或王后为"陛下"；称王子、公主、亲王等为"殿下"；有爵位的应称其爵位或"阁下"。对神职人员应根据其身份称为"教皇""主教""神父""牧师"等。

2. 称呼的禁忌

在交往中，称呼不当就会失敬于人、失礼于人，有时后果不堪想象。因此一定要注意称呼的禁忌。

（1）错误性的称呼。

它们均是称呼者粗心大意、用心不专所致。常见的有两种情况：

一是误读。其原因在于不认识被称呼者的姓名，或者念错了对方的姓名。我国人名中的一些姓氏，例如，翟、江、郇、眭等，就很容易被人误读。

二是误会。在此，它是指对被称呼者的职务、职称、学衔、辈分、婚否做出了错误的判断。例如，把一名未婚妇女称作夫人，显然就属于重大的失误。

(2) 不适当的称呼。

有一些称呼如果在正式场合使用,均为不适当的称呼。此类称呼主要有以下几种:

一是替代性的称呼。在正式场合,若以"下一个""12号"等替代性称呼去称呼他人,亦为不适当的做法。

二是跨行业的称呼。学生喜欢互称"同学",军人往往互称"战友",工人可以互称"师傅",专业造诣高者可称为"大师"。但此种行业性极强的称呼一旦被用来称呼界外之人,通常会给人以不伦不类之感。

三是不恰当的简称。某些同事之间使用的非正式的简称,例如,把范局长简称为范局,把沙司长简称为沙司,把周校长简称为周校,均不可使用于正式场合。

另外,与他人打交道时,不使用任何称呼,也是极不礼貌的表现。

(3) 不通行的称呼。

有一些称呼,仅仅适用于某一地区,或者仅仅适用于国内。一旦它超出一定范围,就有可能产生歧义。此类非通行称呼主要有两种:

一是仅适用于某一地区。北京人称别人为师傅,山东人则习惯称呼别人为伙计,这类地区性称呼在其他地区往往难以畅行。

二是仅仅适用于国内。一些中国人常用的称呼,例如同志、爱人等,绝对不宜用于称呼一般的外国人。

(4) 庸俗性的称呼。

在公务交往中,一些庸俗而档次不高的称呼,绝对不宜使用。动辄对他人以朋友、兄弟、死党、哥们儿、姐们儿相称,往往只会贬低自己的身份。

应当指出的是,在正式场合,不论对外人还是自己人,最好都不要称兄道弟。要是张口闭口王哥、孟姐、李叔,不仅不会使人感到亲切,反而会让别人觉得称呼者的格调不高。

(5) 绰号性的称呼。

在一般情况下,一名有教养的职员绝对不可擅自以绰号性称呼去称呼别人。不论自己为别人起的绰号,还是道听途说而来的绰号,都不宜使用。一些对他人具有侮辱性质的绰号,则更是应被禁止使用的。

（二）介绍礼

介绍是一切社交活动的开始，是人际交往中与他人沟通、建立联系、增进了解的一种最基本、最常见的形式。依据介绍人的不同，介绍可以分为自我介绍、他人介绍和集体介绍三种类型。

1. 自我介绍

自我介绍就是社交场合中，在必要的情况下，自己担任介绍的主角，将自己介绍给其他人，以使他人认识自己。下列几种情况下往往需要做自我介绍：

（1）本人希望结识他人。在许多人的聚会中，如果你对一个不相识的人感兴趣，想同他认识，但无人引荐，只好由自己充当介绍人，将自己介绍给对方，此时就应该做自我介绍。在交谈之前，可以先向对方点头致意，得到回应后，再向对方介绍自己的姓名、身份和单位等。一般情况下，对方也会主动向你做自我介绍。

（2）他人希望结识本人。在社交场合，有不相识的人对你感兴趣，点头致意，表示出想结识的愿望时，自己应当主动做自我介绍，表现出对对方的好感和热情。

（3）需要让其他人了解、认识本人。到一个单位联系工作和求职时，或在社交场合彼此都不熟悉，主持人提议将个人的情况做一番自我介绍，以便让大家了解、认识时，要做自我介绍。这时的自我介绍既是一种礼貌，也是下一步交流的前提和基础。

根据不同场合、不同对象和实际需要，自我介绍的内容应有所差异。

① 应酬式的自我介绍，应该简单明了，只介绍一下姓名即可。

② 工作式的自我介绍，除介绍姓名外，还应介绍工作单位和从事的具体工作。

③ 社交式的自我介绍，则需要进一步的交流和沟通，在介绍姓名、单位和工作的基础上，进一步介绍兴趣、爱好、经历、同交往对象的某些熟人的关系等，以便加深了解、建立友谊。

自我介绍是向别人展示你自己，甚至直接关系到你给别人的第一印象的好坏及以后交往的顺利与否。同时，自我介绍也是认识自我的手段。

自我介绍还要把握好态度，要实事求是，既不要过分地谦虚，也不要自吹自擂、夸大其词。做自我介绍时要面带微笑，充满自信与热情，善于用眼神去表达自己的友善和关切，显得胸有成竹、落落大方。介绍时还要注意自己的语音、语调和语速，语气自然、语速正常、语言清晰、从容不迫，会使对方产生好感，有助于自我介绍的成功。

2. 他人介绍

他人介绍又称第三者介绍，是指由第三者为彼此不相识的双方相互介绍、引荐的一种介绍方法。他人介绍中，为他人做介绍的第三者为介绍者，而被介绍者介绍的双方为被介绍者。

为他人做介绍时，介绍人处于当事人之外，一般情况下，介绍者的确定是有一定规矩的。他们或者是社交活动的东道主、长者、正式活动的负责人，或者是家庭性聚会的女主人、熟悉双方的第三者以及公务活动中的专职人员。介绍人应该对被介绍人双方都比较熟悉和了解，如果有可能，在为他们做介绍之前，最好先征求一下双方意见，以免双方已经相识或双方没有相识的愿望。介绍人应该审时度势，善解人意，在双方有意结识并期望有人做介绍时成人之美，义不容辞地为双方做好介绍工作。

做介绍时，应该坚持受尊敬的一方有了解对方优先权的原则，严格遵守介绍的礼仪顺序。

（1）把职位低者介绍给职位高者。在社交场合，不分男女老少，一般以社会地位和职位高低作为社交礼仪的衡量标准，把社会地位和职位低者介绍给社会地位而职位高者。

（2）把男士介绍给女士。在为年龄相仿的男士与女士做介绍时，应把男士引导到女士面前，把男士介绍给女士。

（3）把晚辈介绍给长辈。介绍同性别的人相识时，应该把年轻者介绍给年长者，以此表示对长辈的尊敬。

（4）把未婚者介绍给已婚者。一般情况下，应该把未婚者介绍给已婚者，但是如果未婚者明显年长则应该把已婚者介绍给未婚者。

（5）把主人介绍给客人。在主客双方身份相当时，应该先介绍主人，再介绍客人，以表示对客人的尊敬。

在为他人做介绍时，由于场合、身份和需要的不同，介绍的内容和形式也会不同。既可以有在正式场合，正规的、标准式的介绍，也可以有在社交中不拘一格的简要介绍，还可以有引见、推荐式的介绍等。

在为他人介绍时，介绍者应该热心、诚恳、手势动作文雅大方。无论介绍哪一位，介绍者应手心朝上，手背向下，四指并拢，以肘关节为轴，指向被介绍一方，并向另一方点头微笑。切不可用手指头指来指去。

必要时，可以说明被介绍一方同自己的关系，以便介绍的双方增进了解和信任。

介绍者在为双方作介绍时，被介绍双方均应起身站立，面带微笑，目视被介绍者或对方，显得高兴、专注。介绍后，身份高的一方或年长者，应主动与对方握手，问候对方，表示非常高兴认识对方等。身份低的一方或年轻者，应根据对方的反应做出相应的反应，如果对方主动伸手与你握手，你应立即将手伸出与对方相握。当双方身份相当时，主动、热情地对待对方是有礼貌的表现。他人做介绍后，看不起对方、摆架子、装腔作势应付对方是失礼的；而低三下四、阿谀奉承，也是有失人格的，都是不正确的态度。

3. 集体介绍

集体介绍是他人介绍的一种特殊形式，被介绍一方或双方都不止一人，大体可分两种情况：一是为一人和多人做介绍；二是为多人和多人做介绍。

（1）将一人介绍给大家。当被介绍双方地位、身份大致相似时，应使一人礼让多数人，人数少的一方礼让人数多的一方；先介绍一人或人数少的一方，再介绍人数较多的一方或多数人。

（2）将大家介绍给一人。当被介绍双方的地位、身份存在明显的差异，地位、身份明显高者为一个人或人数少的一方时，应先向其介绍人数多的一方，再介绍地位、身份高的一方。

（3）人数较多的双方介绍。被介绍双方均为多数人时，应先介绍位卑的一方，后介绍位尊的一方；或先介绍主方，后介绍客方。介绍各方人员时，则应由尊到卑，依次而行。

（三）握手礼

两人相向，握手为礼，是当今世界最为流行的礼节。不仅熟人、朋友，连陌生人、对手,都可能握手。握手常常伴随寒暄、致意,如你(您)好、欢迎、多谢、保重、再见等。握手礼含义很多,视情而定,分别表示相识、相见、告别、友好、祝贺、感谢、鼓励、支持、慰问等不同意义。

握手

1. 握手的含义

握手礼多用于见面时的问候与致意。对久别重逢和多日未见的老朋友,以握手表示对对方的关心和问候;人们彼此之间经过他人介绍相识,通过握手,向对方表示友好和愿意与对方结识的心情。告别时,以握手感谢对方,表示愿意保持联系、再次见面的愿望。除此之外,握手礼还是一种祝贺、感谢、理解、慰问、支持和鼓励的表示。在交往中,握手礼运用得当,会令人显得彬彬有礼,很有风度。

2. 握手时伸手的先后顺序

根据礼仪规范,握手时双方伸手的先后次序,应当在遵守"尊者决定"的原则的前提下,具体情况具体对待。

"尊者决定"原则的含义是,在两人握手时,各自首先应确定握手双方彼此身份的尊卑,然后以此而决定伸手的先后。由位尊者首先伸出手来,即尊者先行。位卑者只能在此后予以响应,而绝不可贸然抢先伸手,不然就是违反礼仪的举动。

在握手时,之所以要遵守"尊者决定"的原则,既是为了恰到好处地体现对位尊者的尊重,也是为了维护在握手之后的寒暄应酬中位尊者的自尊。

因为握手往往意味着进一步交往的开始，如果位尊者不想与位卑者深交，他是大可不必伸手与之相握的。换言之，如果位尊者主动伸手与位卑者相握，则表明前者对后者印象不坏，而且有与之深交之意。

（1）年长者与年幼者握手，应由年长者首先伸出手来。

（2）长辈与晚辈握手，应由长辈首先伸出手来。

（3）老师与学生握手，应由老师首先伸出手来。

（4）女士与男士握手，应由女士首先伸出手来。

（5）已婚者与未婚者握手，应由已婚者首先伸出手来。

（6）社交场合的先至者与后来者握手，应由先至者首先伸出手来。

（7）上级与下级握手，应由上级首先伸出手来。

（8）职位、身份高者与职位、身份低者握手，应由职位、身份高者首先伸出手来。

在公务场合，握手时伸手的先后顺序主要取决于职位、身份。而在社交场合和休闲场合，则主要取决于年龄、性别和婚否。

接待来访客人，当客人抵达时，应由主人先伸手与客人握手表示"欢迎"。当客人告辞时，则应由客人先伸手与主人握手表示"再见"。如果握手的顺序颠倒，容易让人发生误解。

3. 握手的方式

握手时要注意姿势。正确的姿势是在行礼时，至距握手对象约一米处，双腿立正，上身略向前倾，自然伸出右手，四指并拢，拇指张开与对方相握。

握手时要注意神态。握手前，双方可打招呼或点头示意。握手时，应面带微笑，目视对方双眼，并且寒暄致意，表现出关注、热情和友好之意。

与他人握手，一般应起身站立，除非是长辈或女士，坐着与人握手是失礼的。

握手时要把握好力度。为表示对交往对象的热情友好，握手时可以稍许用力，但切不可过大。遇到亲朋故友时，握手时用力可以稍大一些，但与异性和初次相识者握手时，用力千万不可过大。

握手时要掌握好时间。与他人握手的时间不宜过长或过短。握手时间过短，给人以应付、走过场的感觉；握手时间过长，尤其是握住异性和初相识者的手时间过长，是失礼的表现。正常情况下，握手的全部时间应控制在三秒钟以内。

4. 握手的禁忌

（1）不要用左手同他人握手。

（2）不要在握手时争先恐后，造成交叉握手。

（3）不要戴着手套和墨镜与他人握手。

（4）不要抢先同女士握手。

（5）不要握手时东张西望、心不在焉或面无表情、有气无力。

（6）不要握手时，另一只手插在衣袋里或拿着东西不肯放下。

（7）不要握手后马上揩拭自己的双手。

（8）不要拒绝与他人握手。

（四）脱帽、鞠躬礼

戴着帽子的人，遇到熟人需要打招呼或行其他的见面礼时，应右手握住帽子前檐中央，摘下帽子致礼。在正式场合，脱帽礼还常常是鞠躬礼的前奏。

（五）亲吻与拥抱礼仪

亲吻礼也是西方国家常用的见面礼，它常与拥抱礼同时采用，即双方见面时既拥抱，又亲吻。亲吻礼不论在官方还是民间，都适用。

正规的拥抱礼，应该两个人正面相对站立，各自举起右臂，将右手搭在对方的左肩后面；左臂下垂，左手扶住对方右腰后侧。首先向各自对方的左侧拥抱，然后向各自对方的右侧拥抱，最后再次向对方的左侧拥抱，拥抱三次后礼毕。在一般的场合行此礼，不必如此讲究，次数也不必要如此严格。

由于双方关系不同，行礼时，亲吻的部位也不相同。长辈吻晚辈，应当吻额头；晚辈吻长辈，应当吻下颌或面颊；平辈之间，宜贴面；关系亲密的女子可以吻面颊，异性应当贴面颊；真正吻嘴唇，即接吻仅限于夫妻之间或恋人之间，其他关系是不能吻嘴唇的。

行亲吻礼时，一般忌讳发出亲吻的声音或者将唾液弄到对方的脸上。

拥抱礼是欧美国家盛行的礼节。在人们见面、告别，表示祝贺、慰问和欣喜时，常采用拥抱礼。在我国，除一些少数民族外，拥抱礼不常采用。

（六）拱手礼

拱手礼与其相似的礼仪称作揖，是中国古代开始的，相见或感谢时常用的一种礼节。行礼时，双手互握合于胸前。当代一般右手握拳在内，左手在外；若为丧事行拱手礼，则正好相反。一说古人以左为敬，又有一说人在攻击别人时，通常用右手，所以拱手时，左手在外，以左示人，表示真诚与尊敬。女子行拱手礼时则正好反过来，这是因为男子以左为尊，女子以右为尊。

在我国，拱手致意通常用于以下场合：

每逢重大节日，如春节等，邻居、朋友、同事见面时，常拱手，以表祝愿；为欢庆节日而召开的团拜会上，大家欢聚一堂，互相祝愿，常以拱手致意。

婚礼、生日、庆功等喜庆场合，来宾也可以拱手致意的方式向当事人表示祝贺。

双方告别，互道珍重时可用拱手礼；有时向对方表示歉意，也可用拱手表示。

拱手致意时，往往与寒暄语同时进行，如"恭喜、恭喜""久仰、久仰""请多多关照""节日快乐""后会有期"等。

（七）合十礼

合十礼，又称"合掌礼"，原是印度古国的文化礼仪之一，后为各国佛教徒沿用为日常普通礼节。行礼时，双掌合于胸前，十指并拢，以示虔诚和尊敬。行礼时，两掌举得越高，越表示尊敬。一般平辈相见时举到鼻下即可。

合十礼可分为跪合十礼、蹲合十礼、站合十礼三类。

1. 跪合十礼

跪合十礼适用于佛教徒拜佛祖或僧侣的场合，行礼时右腿跪地，双手合掌于两眉中间，头部微俯，以表恭敬虔诚。

2. 蹲合十礼

蹲合十礼是盛行佛教国家的人拜见父母或师长时所用的礼节，行礼时身体下蹲，将合十的掌尖举至两眉间，以示尊敬。

3. 站合十礼

站合十礼是信奉佛教的国家平民之间、平级官员之间相见，或公务人员拜见长官时所用的礼节，行礼时端正站立，将合十的掌尖置于胸部或口部，以示敬意。

在行合十礼时，可以问候对方或口颂祝词。因佛教中不兴握手，所以在我国，一般非佛教徒对僧人施礼，也以行站合十礼为宜。

实训设计

一、实训目的和要求

1. 掌握社交礼仪的基本准则。
2. 掌握见面礼仪，使之成为生活习惯。

二、实训内容

1. 模拟商务交往、接待服务等工作场合，训练见面礼节。
2. 实训项目：
（1）互相称呼、行见面礼。
（2）语言、仪态体现敬人。

三、实训评价

1. 学生评价。
2. 教师评价。

任务二　铁路客运服务用语

案例导入

2015 年 6 月，一名旅客来到售票窗口，说刚才买票的时候，售票员少找他 54 块钱。售票员回忆了一下刚才自己工作的情形，认为自己没有出错，就直接对旅客说："我又不是第一天售票，不可能出现少找钱的情况。"旅客见状，情绪激动，开始指责售票员。售票员也不甘示弱，坚持自己没出错，还说旅客的脑子有问题。后来，售票处领导出面协调，在了解了情况之后，调来了监控，随后，旅客找到了零钱。可是旅客还是和售票处领导说售票员不应该出口骂人，随后，以不使用服务用语、服务态度恶劣，向车站投诉这名售票员。

知识储备

简单地说，沟通即是人际交往中的信息交流。它是人际交往中的重要工具和手段。这一过程可以通过语言实现，也可以借助表情神态、肢体姿态、空间环境、文书信函等媒介实现。

语言交流是人际交往中最主要的沟通方式。特别是服务行业中，服务人员的语言礼仪规范体现了个人的文化修养和职业素养。准确地运用文明礼貌、文雅准确、标准清晰的语言，是每一个服务人员应具有的基本职业素养。

一、客运服务基本用语

铁路客运服务用语主要包括客运服务的常用礼貌用语、服务用语规范、文明用语和禁忌用语等。

（一）常用礼貌用语

1. 称呼

"先生""女士""小姐""同志""师傅""大爷""大娘""小朋友""小同学"

2. 问候语

"您好！""你们好！""各位旅客好！""早上好！""中午好！""晚上好！""路上辛苦了！"

3. 迎送语

"您好！欢迎乘车！""欢迎您到餐吧用餐。""请慢走。""这是您的东西，请拿好，多谢！""再见。""祝您旅途愉快！""祝您一路平安！""下次旅行再见。"

4. 征询语

"需要我帮您做些什么吗？""您还有别的事情吗？""您需要……吗？""如果您不介意的话，我可以……""您好，请问××您还需要吗？""您觉得车内温度合适吗？""我们为您准备了××、××、××，您需要哪一种？""您需要添些水吗？"

5. 应答语

"不必客气。""没关系。""这是我应该做的。""照顾不周的地方，请多多指教。""是的。""我明白了。""我马上来或我马上去办。"

6. 致谢语

"非常感谢。""谢谢您的好意。""谢谢您对我们工作的配合与支持。"

7. 道歉语

"请原谅。""打扰您了。""失礼了。""实在对不起。""谢谢您的提醒。""是我们的错，对不起。""好的，我们马上办好。""请不要介意。""对不起，让您久等了。""对不起，请借过一下。"

8. 请托语

"请问……""请稍候""请多关照""请慢走""请注意""请小心……""拜托……"

9. 推托语

"对不起，我们还没有听说。""承您的好意，但是……""抱歉，我需要请示一下领导。"

（二）服务用语规范

1. 多使用礼貌用语

客运服务岗位的基本礼貌用语10个字：您好、请、谢谢、对不起、再见。

在对客服务过程中，应当尽可能多地使用礼貌用语与旅客交流。应当做到"五声"服务：旅客来时有迎客声；遇到旅客有称呼声；受人帮助有致谢声；麻烦旅客有道歉声；旅客离去有送客声。如此一来，能够体现客运服务人员的待客热情与主动，旅客能够获得"被重视、被关注"的服务优越感。

客运服务人员对客语言交流应当遵循"请字开路，谢谢压阵，对不起不离口"的规范原则。"请字开路"，能够充分表达对旅客的尊重。"谢谢压阵"，则是通过表达服务人员的感谢之情来获得旅客好感，增进双方的情感共鸣。"对不起不离口"，不是说服务人员不断地出现工作失误和错误而向客人道歉。"对不起"不是责任的划分和追究，只是服务人员对旅客歉意的一种表达。当其他旅客的疏忽导致旅客的利益受到损失，或是由于列车晚点旅客不能按时到达目的地，或是由于列车、车站的设备设施的人性化不够、设备设施受到破坏旅客意外受伤等情况发生时，我们的客运服务人员都应当有主动承担责任的工作和服务意识，应当立即向受到损失、伤害的旅客表示道歉。

2. 注意仪态与语言的配合

（1）与旅客交谈时，目光要注视对方的眼睛，以示尊敬。要注意听取对方的谈话，不可东张西望。

（2）与旅客交谈，切忌边走边讲或不断地看手表，手不要放到口袋里，或双臂抱在胸前，也不要扶着座椅靠背，或坐在扶手上。

（3）旅客提出的意见和要求，不要有厌烦的情绪和神色，更不能使用责备的口吻甚至粗鲁的语言。

（4）无意碰撞或影响了旅客，应表示歉意，取得对方谅解，在旅客离开时还应择机再次道歉。

（5）在车站或列车上遇到熟悉的旅客应主动打招呼并行礼问候，表示欢迎。

（6）为旅客发送每一样物品时，应主动介绍名称，严格遵循发放原则：先左后右、先里后外、先宾后主、先女后男。

（7）对旅客提出的要求，能做到的应尽量满足，不能做到时，应耐心解释，不能怠慢。应允的事情一定要落实，不能言而无信。

（8）对爱挑剔的旅客要耐心热情，避免发生口角和正面冲突；对恶意挑衅或举止不端的旅客，应镇静回避，必要时可报告乘警、车（站）长。

3. 应当避免的情形

与旅客交谈时，应当注意避免出现如下一些情形：

（1）食用大蒜、大葱和韭菜等有强烈刺激性气味的食品。

（2）在公共场所修指甲、挖鼻孔、剔牙齿、掏耳朵、伸懒腰以及用手指人。

（3）随地吐痰，乱扔杂物。

（4）与旅客嬉笑玩闹，对旅客品头论足。

（5）与同事在公共区域大声喧哗、谈笑，聊与工作无关的事情。

（6）在旅客面前接打手机。在公共区域接打电话时，声音过大。

（7）咳嗽、打喷嚏、打哈欠时不掩面、不遮挡。

（8）不加说明地打断旅客的谈话，直接插话，甚至制止旅客讲话。

（三）服务禁忌用语

1. "不"

对旅客直接说"不""不行""不可以"，会让旅客感觉服务人员过于强势，感觉自己被服务人员和铁路行业排斥。

2. "不知道"

遇到旅客询问，甚至多次追问时，服务人员应当保持耐心。如果告诉旅客"不知道"，会让旅客感觉服务人员不够专业或不尽职。

3. "这不是我的问题/责任"

面对旅客的质疑，服务人员应当敢于面对，寻找问题，正确处理。每一位服务人员都应当怀有"我是铁路人，铁路是一家"的工作责任心，不应将责任一味地推卸给其他部门，而让旅客感觉铁路行业冷漠待客。

4. "你不懂"

类似于"你不懂""多管闲事""已经告诉你了，怎么还不明白"等语言，具有明显的蔑视旅客的态度，是服务人员待客工作的最大忌。旅客的服务体验和感受很大程度取决于是否有面子，因此，给旅客留面子就是给旅客礼貌、享受的服务。

5. "没见我正忙着吗"

这句话会加重旅客的服务等待，引起旅客的愤怒，甚至导致服务危机。

二、客运服务广播用语

（一）广播用语的基本要求

铁路客运服务广播用语是铁路客运服务用语的重要组成部分。大多数旅客在接受铁路客运服务时，更多的是依赖车站或列车上的广播词确定铁路服务的重要信息。因此，清晰、准确、及时的广播用语是铁路客运服务质量的基本要求。

清晰，是指广播词简单明了，表达的意思通俗易懂，播音员使用标准普通话并且吐字清晰、表述简练。

准确，是指广播词不能给人以歧义，特别是涉及列车故障、安全事故和旅客具体行程信息的广播词，更是要准确无误。

及时，是指广播的时间应当能够满足提前通知、预警提示、解释声明等信息传递的需要，能够确保服务人员与旅客沟通的顺畅。

（二）广播用语的类型与内容

1. 车站广播用语主要包括以下类型：

（1）组织列车出勤通告。

例如："工作人员请注意，工作人员请注意，××次列车正点到在本站进×站台，请做好接车准备工作。""工作人员请注意，工作人员请注意，××次列车已经转线×站台，请做好送车准备。"

（2）进站、到站通告旅客。

例如："旅客们，由××经由本站开往××方向去的××次列车，到站时间×点×分，开车时间×点×分，停车×点×分，这趟列车正点。××次列车正点到达本站，乘坐这趟列车去往××方向的旅客，请您到×层候车厅××号检票口进站，××次列车进×站台，请您到×站台等候。接亲友的同志请您到出站口等候您的亲友出站。""旅客们，由××站始发开往××方向去的××次列车，发车时间×点×分，列车开始检票。××次列车现在开始检票。乘坐××次列车的旅客，请到×层候车厅×号检票口检票进站。××次列车停靠在×站台，请您到×站台上车。""旅客们，列车前方到达××

站，列车正点到达的时间是×点×分，请需要下车的旅客，仔细检查您的随身携带行李物品，准备下车。"

（3）候车通告。

例如："各位旅客大家好，欢迎您来本站候车。您来到候车厅，请听从工作人员的组织、引导，按引导屏指定地点排好队等候检票进站。旅客们，为了照顾老、弱、病、残、孕及带小孩的旅客进站上车，工作人员要提前组织重点旅客。当工作人员检票时，您不要慌忙，请整理好随身携带的行李物品，不要将其遗忘在候车厅里。旅客们，您在检票进站时请把车票提前打开，票面朝上，按照先后顺序进站。带小孩的旅客，请照顾好您的小孩以免走散。""旅客们，××次列车由本站即将开车，乘坐本次列车去往××方向的旅客，请您抓紧时间检票进站，××次列车停靠在×站台，开车时间×点×分。"

（4）列车晚点通告。

例如："旅客们，由××经由本站开往××方向去的××次列车，正点到站时间是×点×分，大约晚点××分，××次列车晚点××分，请您不要远离车站，注意广播通告，以免误车。谢谢您的理解和配合。""旅客们，由××经由本站开往××方向去的××次列车，正点到站时间是×点×分，大约晚点××分，××次列车晚点××分，请您到×层候车厅×号检票口排队候车。接亲友的同志请您到出站口等候您的亲友出站。感谢您的支持与配合。"

（5）宣传用语。

例如："各位旅客，大家好！欢迎您来到本站候车，今天是×月×日星期×，现在为您服务的是客运×班的全体工作人员。在工作中我们将坚持热情诚信、旅客至上的服务理念，为您提供安全、便利、快捷、优质的服务。您在候车时，遇到什么困难，有什么需要，请找身边的工作人员，我们随时服务在您身边，为您排忧解难。您对我们的工作有什么意见和建议，欢迎向我们提出，以便我们改进工作，更好地为您服务。希望我们真诚的服务能给您留下美好的记忆。祝您旅途愉快，一路平安！"

2. 车站、列车客运服务广播用语

（1）旅客安全乘车及使用设备的广播。

例如："各位旅客，为了维护国家法令，保证旅客在旅行中的安全，严禁将易燃品、爆炸品等危险品，如：煤油、汽油、鞭炮、火药、雷管等带进站、带上车，也不能夹在行李包裹内托运。带有以上物品的旅客，请您主动与工作人员联系，以便妥善处理。希望各位旅客协助我们做好安全工作，确保大家在旅行中的安全。""自动售票机可以购买磁质车票，您可以使用现金支付，目前支持的现金种类包括 5 元、10 元、20 元、50 元、100 元人民币。为方便自动售票机识别，请使用票面较新、平整的人民币。""本次列车为新型旅客列车，车厢内的电器设备和开关按钮，请您不要随便触摸和按动，以免发生危险。情况紧急必须撤离列车时，可按下车厢两端门上方的紧急停车按钮，并可在列车停稳后使用破窗锤击打车厢两端的第一块玻璃逃生。"

（2）供餐广播。

例如："旅客朋友们，午餐用餐的时间到了，餐车现在开始供应午餐，我们为您准备了各种食物，主食有……，副食有……，还有……，餐车设在列车运行 9 号车厢，餐车工作人员欢迎您的到来。同时我们的售货员也会在各车厢供应午餐。"

（3）到车晚点时向旅客致歉及维持秩序的广播。

例如："各位旅客，××次列车因故晚点，因列车晚点给您造成不便，我代表铁路部门向您表示诚挚的歉意，希望您给予谅解。""旅客们，车站是公共场所，来往的旅客较多，希望旅客们协助我们维护好车站秩序。您来到车站后，请到指定的候车区、检票口、按顺序等车，请您不要在检票口附近停留，以免影响其他旅客通行。"

（4）安抚旅客情绪的广播。

例如："女士们、先生们，由于车内空调温度不适宜，给您的旅行带来了不便，现在机械师正在调试，请您多加谅解，谢谢大家！"

（5）找寻旅客或物品的广播。

例如："女士们、先生们，现在广播通知，×号车厢有一名旅客突发疾病，如果哪位旅客是医务工作者，请您到×号车厢多功能室协助诊治，在此列车广播代表患者向您表示感谢！""各位旅客，现在广播一则失物招领启事。哪位旅客丢失了一个红色旅行包，请速到车站失物招领处认领。"

（三）动车组列车广播用语类型举例

1. 列车开车前 3 分钟广播

例如："女士们、先生们：本次列车是××开往××的××次列车，在××站开车的时间是×点×分，请您仔细确认车票，对号入座。列车马上就要开车了，请送客的朋友和上错车的旅客抓紧时间下车，以免影响您的行程，谢谢合作。"

2. 始发开车后的广播

例如："女士们、先生们：欢迎您乘坐和谐号动车组，本次列车是由××开往××的××次列车，中途在××站、××站停车，列车全程走行××千米，运行×小时×分，到达××站的时间是×点×分。为了方便您的旅行，下面向您介绍一下列车的概况及乘车安全注意事项。"

"本次和谐号动车组共由 8 节车厢组成，1 号和 8 号车厢为一等座车，2 至 7 号车厢为二等座车。6 号车厢是餐吧，可为您提供送餐服务。在 7 号车厢设有残疾人卫生间和婴儿整理台，在每节车厢的两端设有电动隔离门，您通过时只需按下黄色按钮。另外在每节车厢的一端设有大件行李存放处、电茶炉、卫生间。卫生间使用真空集便器，请不要向内投扔卫生纸等杂物。"

"列车运行中请您不要在车门处停留；车厢两端的红色紧急制动拉手、行李架底面红色安全锤供紧急情况下使用，请您不要触碰；本趟列车实行全程禁烟，请您不要吸烟，谢谢合作。列车全体乘务人员祝您旅途愉快！"

3. ××站到站前广播

例如："女士们、先生们：列车前方到站是××车站，到达××的时间是×点×分，停车×分，请下车的旅客提前做好下车准备，在车门处等候，未到站的旅客请不要下车，以免耽误您的旅行。"

4. ××站开车后的广播

例如："女士们、先生们：列车运行前方到达××车站，到达××车站的时间是×点×分，××站—××站之间需要走××千米，运行××小时××分。"

"为了您的乘车安全，请您不要在车门处停留，红色制动拉手和消防锤请您不要触动，本次列车实行全程禁烟。"

"上车没有来得及买票的旅客请您声明，列车工作人员将为您办理补票手续。谢谢您的配合！"

5. 终点前10分钟广播

例如："女士们、先生们：列车前方到站是本次列车的终点站××站，到达的时间是×点×分，请您现在将茶桌板归回原位，取出行李，整理好随身携带的物品，做好下车准备。欢迎您再次乘坐本次列车，再见！"

实训设计

一、实训目的和要求

1. 掌握客运服务礼貌用语的使用原则。
2. 掌握规范的客运服务礼貌用语。
3. 掌握规范的客运服务广播用语。

二、实训内容

1. 礼貌用语、广播用语的记忆与练习。
2. 实训项目：
（1）客运礼貌用语情境训练。
（2）车站广播用语练习。
（3）列车广播用语练习。

三、实训评价

1. 学生评价。
2. 教师评价。

任务三　铁路客运服务沟通技巧

案例导入

中午时分，列车长例行核对车票工作，行进到餐车时，遇到一位女旅客正在给孩子喂饭。列车长要求女旅客出示车票，女旅客开始好像没有听见，继续给孩子喂饭。列车长再次要求女旅客出示车票，女旅客仍然只顾着给孩子喂饭，头也不抬一下。列车长见状，继续站在一旁催促旅客出示客票配合检查。不料，该名女旅客突然放下碗筷，怒气冲冲地对着列车长，声色俱厉地指责他查票干扰了其和家人用餐。原来，这名旅客的孩子近日生病，一直没有胃口，吃不下饭，今天病情稍有好转，午餐胃口好转，愿意吃饭了。所以女旅客着急给孩子喂饭，希望趁着孩子舒服的时候能多喂一些。话音一落，周围其他用餐的旅客纷纷支持该名女旅客先给孩子喂饭，并一同批评列车长不该在旅客用餐时查票。

知识储备

沟通是铁路客运服务的重要内容，与不同旅客在不同条件下的沟通技巧不仅是客运服务的技巧，更是客运服务的礼仪所在。掌握正确的沟通技巧可以有效地提升铁路客运服务的水平。

在为旅客服务时了解旅客，用文明用语和礼貌用语与旅客进行有效沟通，可以使旅客在享受铁路客运服务的同时，获得更大的心理满足。让旅客舒心、顺心、开心是服务沟通要达到的基本要求。

一、有效沟通的特点

（一）及时、准确、清晰

沟通是信息互通的过程，在这个过程中，信息传递的及时性、准确性和清晰度直接影响沟通的效果。铁路客运服务具有突出的时效性，及时、准确地通告列车进出站的时间、班次、站台、停留时间等信息，对于服务工作的顺利开展起着至关重要的作用。面对旅客提出的或可能遇到的乘车方面的各类问题，客运服务人员都应能够及时、准确地给予解答和协助。服务沟通的过程中，语言表达的清晰与否直接影响着信息传递的准确性。

（二）双向、多层面沟通

铁路客运服务是服务人员与旅客之间的一种双向交流过程。在服务过程中，旅客并不是完全处于被动地位。旅客可以通过观察和询问来评判铁路客运服务的水平，或者表达自己对客运服务的要求与意见。服务人员也可以通过旅客的反映及行为来判断旅客的价值标准、态度偏好以及对自己服务表现的满意度。在服务的过程中，服务人员与旅客之间不断地进行信息互递，不断地增加、修改信息的内容，反复进行意见互换，最终双方的意见趋于一致，实现了有效沟通。

二、有效沟通的关键

（一）端正服务沟通的心态

态度决定一切，态度是沟通的第一生命。好的态度让沟通达到事半功倍的效果；有问题的态度则会让沟通无法正常进行，甚至恶化双方的关系。在沟通中，客运服务人员应当采取积极主动的、不卑不亢的态度，依据规章，也考虑情理，从而达到沟通的最佳效果。

正确的铁路客运服务需要如下两种心态：

1. 主动沟通的心态

主动沟通首先是满足旅客的知情权。主动沟通还可以避免旅客误会，化解矛盾，将危机消灭在萌芽状态。因为沟通产生理解，理解产生信任。信任是协调客我关系、处理客我矛盾的基本前提。有了信任，双方才能更好地处理和解决问题。信任不是平白无故产生的，尤其是让旅客信任铁路客运服务人员，这需要服务人员能够主动、及时尽到提醒、告知、帮助、关怀旅客的义务。

2. 包容沟通的心态

旅客对我们的服务提出质疑时，往往是希望他们的需求能够得到满足，或者仅仅是要引起我们的重视。美国著名影星保罗·道格拉斯曾说："当你与别人意见相左时，应以你的表情、耐心、所言所行向他证明你是真的关心他。"作为铁路客运的服务人员，应当能够关心体恤旅客的难处、不便和苦衷，尽我们所能为旅客提供周到的服务，这样不仅可以完善服务工作，而且能让旅客获得被尊重的心理满足。

（二）避免服务沟通的障碍

沟通的过程中，会有很多障碍干扰沟通的顺利进行。从障碍产生的主体来看，大致可以分为两类：其一是沟通的人之间存在交流障碍（即个人障碍），其二是行业组织内部制度存在阻碍信息传递的渠道障碍（即组织障碍）。

以下内容主要对铁路客运服务人员与旅客之间存在的沟通障碍进行分析：

1. 语言障碍

铁路运输行业接待众多的不同地域的旅客，旅客使用方言或外语，给服务沟通工作带来了一定的困难。所以，铁路客运服务人员，应当根据自身工作地域接待旅客的特点，学习和掌握方言、外语，为更好地服务旅客做好准备。

2. 非语言障碍

沟通除了语言信息的传递之外，还包含了神态、姿态等非语言信息。人们常说的"察言观色"就是指非语言信息对沟通的重要影响作用。很多时候，除了语言上的不礼貌之外，眼神、目光、身体姿态等表现也会传达侵犯的意思，让旅客感觉心理上难以承受。

3. 文化障碍

文化障碍往往是人际沟通中最大的障碍。在铁路客运服务沟通中，文化障碍的阻力主要体现在两个方面：第一是旅客的文化层次、身份地位、职业背景等的差异，让客运服务人员面对不同的旅客时，使用同样的沟通方式得到不同的效果；第二是旅客与服务人员彼此之间存在文化认同、行为习惯等方面的差异，特别是对铁路客运规章和服务标准的理解上的分歧，可能会导致双方沟通的难以协调。

4. 经验障碍

过去的经验在某些时候可以帮助服务人员解决服务沟通中的问题，所以行业内容易形成普遍的经验理论，尤其是对旅客的习惯性认知、判断。但是，面对不断变化的时代和人群，过去的经验容易让服务人员固执己见，甚至形成服务偏见，这时候的经验就会成为服务沟通的障碍。

5. 情绪障碍

不论是旅客，还是客运服务人员，都是会有情绪波动的。情绪的变化又会影响人的正常思维和行为。当人们处于压抑、痛苦、悲伤、愤怒或激动、兴奋的不同情绪状态时，与其他人相处的方式、态度、行为都会发生变化。当情绪的变化对行为产生负面影响时，人们之间的沟通就会产生障碍。

6. 媒介障碍

沟通还会受到信息传递渠道及媒介等因素的干扰。如果一味延续传统的视听设备进行宣传，会阻滞信息的广泛传播。铁路服务行业应当选择适应时代变迁、迎合旅客需求的新媒介（如微信平台）来实现信息的传递和传播。

三、服务沟通的技巧

俗语说："良言一句三冬暖，恶语半句六月寒。"善于语言表达可以让我们与人相处时游刃有余；缺乏语言表达则可能导致不必要的误解和伤害；错误的语言或不当的言语则会引起人际关系紧张甚至交往失败。会说话（语言无障碍）的人并不总是善于表达，有时甚至会表错意、说错话。有效的沟通不只是要学会对话，还要懂得言谈与交往的技巧。

（一）态度谦和

沟通是一门艺术，谈话者的态度和语气极为重要。好的态度让沟通达到事半功倍的效果；有问题的态度则会让沟通无法正常进行，甚至恶化双方的关系。铁路客运服务人员在对客服务沟通过程中，应当如何体现礼貌的态度呢？

1. 礼貌态度的表现

（1）即使自己是行家，也应保持谦虚的姿态。

（2）声音大小适中，语调平稳。

（3）讲话亲切自然，不矫揉造作。

（4）语言表达和表情举止等非语言表达一致。

（5）受到质疑、批评时，仍然保持平和的态度。

2. 应该避免的失礼之举

（1）讲话时滔滔不绝，不容旅客插话，显露傲气。

（2）语气夸张，甚至不惜危言耸听，显露霸气。

（3）得理不饶人，与旅客一争高下，显露敌意。

（4）高声辩论，强词夺理，恶语伤人，显露匪气。

（5）不管不顾，冷暴力对待旅客，显露恶意。

（二）懂得赞美

赞美，是发自内心地对自身所支持的事物表示肯定的一种表达。恰如其分的赞美能使我们更好地与人交往，从而增进人与人之间的感情。

铁路客运服务工作中，赞美旅客不仅仅是对旅客的行为给予肯定和鼓励（例如称赞那些主动帮扶其他特殊旅客乘车的客人），"多赞美"同时也意味着"少批评"。"赞美"旅客还体现在不批评、不责难旅客，也就是要在服务旅客时有一颗容人的心。例如客运服务人员能够接纳旅客对客运设施的好奇而耐心解答旅客的疑问；旅客在不知情的状况下妨碍铁路客运秩序或违反铁路客运规章的时候，服务人员能够得当地警示和处理，这些做法都体现了服务"以人为奉"的礼貌和尊重。

（三）换位思考

人与人的和谐相处，很重要的一点便是将心比心。当我们将思考角度转向对方的立场上时，可能事情的结果就不那么难以理解、双方的矛盾就不再难以调和了，看待彼此的态度也就不会那么偏激了。

从事铁路客运服务工作的员工，每日的工作强度和压力十分巨大，不仅有高强度的体力劳动，还需要在服务旅客时投入情感。人的工作状态容易受到情绪的影响，特别是面对陌生的、不配合的，甚至是故意挑衅的旅客，客运服务人员的情绪会产生波动，控制不好就会影响客我关系的处理。此时，客运服务人员需要本着"职业人"的从业精神，认清客我之间被服务与服务者的角色关系，将忍让旅客视为自己的工作职责的一部分。如果能够冷静、主动地从旅客的角度思考问题，双方沟通和彼此关系的协调就会变得更加容易。

就前述"任务引入"中的案例而言，列车长在例行客票检查职责时，也完全有权要求旅客配合出示客票。一味地按章办事遇到了现实问题：女旅客正在给生病的孩子喂饭，此时此刻，在这名旅客看来，孩子吃饭比出示客票要重要得多。双方各自站在自己的立场维护各自的权利，让事态演变成一次矛盾冲突事件。作为服务人员，应当能够主动换位思考，这是职业的要求。案例中的列车长在看到旅客因为给孩子喂饭而不愿意出示客票的时候，应当俯下身对孩子温和地说："小朋友，让阿姨给你喂饭，请妈妈拿一下车票，好不好？"如此一来，旅客会感受到工作人员对自己的体谅和关怀，配合我们工作也就是很自然的事情了。

（四）委婉表达

语言表达应抓住重点，并注重自己所运用的语言是否能为对方理解或接受，要让对方不仅听明白而且乐于接受。客运服务人员有时需要向客人表达"不""不行""不对"的意思，但是直接说"不"，会让旅客感到服务人员过于强势、居高临下、欺负旅客。这时就需要委婉表达。委婉表达就是用好听的、含蓄的、使人少受刺激的语言代替对方有可能忌讳的词语，用婉转的方式让对方领会意思。例如，动车组列车上劝阻旅客不能吸烟。如果只是简单地说"先生，请勿吸烟"可能不会引起对方的注意。如果委婉地说："先生，动车组列车是全列禁烟的，在列车上吸烟存在安全风险，也会伤害您和周围旅客的健康，请您不要吸烟，也谢谢您对公共场所禁烟的支持！"那么，旅客便会产生避免人前失礼的心态，而自觉灭烟。

又如，火车站候车大厅的贵宾候车室内，往往会有不是持软席座位或贵宾客票的旅客在此逗留等候乘车。服务人员应当如何上前劝说呢？如果生硬地驱赶旅客，不仅会让旅客的面子难看，还可能会引发矛盾冲突。服务人员此时可以考虑委婉地劝解："旅客，您好！这里是软席候车室，您所持的车票并不是在这里候车。所以请您回到指定的候车区域等候乘车，以免耽误。"听到这样的话，一般旅客都会理解而离开贵宾候车室。

（五）善于倾听

沟通中，有说的一方，就要有听的一方。很多时候，对方不是需要和我们探讨，而只是想找寻一个倾诉对象。倾听，也是对他人的尊重，是理解与宽容，是修养和美德，更是一种工作和生活的艺术。倾听对方谈话时，要自然流露出善意，这才是有教养、懂礼仪的表现。要做到：

（1）记住说话者提及的名字、时间和事件。

（2）身体微微倾向说话者，表示对说话者的重视。

（3）注视对方，与对方保持眼神交流。

（4）以恰当的体态语言，如点头、摇头、皱眉、微笑等，对谈话做出反应。

（5）如果对方是要宣泄烦恼的情绪，请你献出耐心。

（6）如果对方前来申诉不合理的待遇，请你谨慎对待，先查事实。

（7）如果对方说出不同意见和逆耳之言，请你冷静审视。

（8）如果对方还有其他隐晦的所求，请你仔细判断言外之意。

（六）把握旅客心理

旅客在车站或列车内停留的时间多则几十个小时，少则十几分钟，流动性比较大，客运服务人员很难把握旅客的个性特征与需求。但是，依据相似性原理，旅客群体有着一般共性特点和群体区分类型。客运服务人员应当借助旅客心理学分析技巧更好地践行服务工作。客运服务人员在服务工作中，既要掌握旅客旅行的共性心理，又要探索和理解旅客的个性心理，才能避免服务工作的片面性和盲目性，才能做到更加主动、更有针对性地实现文明服务、礼貌待客。以下就旅客的气质差异，将其分为四类：

1. 急躁型旅客

急躁型相当于胆汁质。急躁型旅客对人热情，感情外露，说话直率而快，言谈中表现自信。这种类型的旅客容易激动，通常喜欢与人争论问题，而且力求争赢。他们在人际交往中喜欢掌握支配权力，他们对服务的评价易走极端。他们在旅行中常常显得粗心，经常丢东西。

在服务工作中，对急躁型旅客，言谈注意谦让，不要激怒他们，不要计较他们有时不顾后果的冲动言语，一旦出现矛盾，应当尽量回避。随时提醒他们别乱扔、乱放和丢失东西。

2. 活泼型旅客

活泼型相当于多血质。活泼型旅客表现活泼好动，他们反应快、理解力强、聪明伶俐，动作敏捷、灵活、多变。旅行中他们对人热情大方，喜欢与人交往和聊天，喜欢打听各种新闻。他们情感外露，并且变化多端，经常处于愉快的心境之中。

在服务工作中，同活泼型旅客交往，要尽量满足他们爱交往、爱讲话、爱表现的心理。旅行中服务人员应主动向他们介绍车站设施、娱乐场所以及各地风光和特产，以满足他们喜欢活动的心理。

3. 稳重型旅客

稳重型相当于黏液质。稳重型旅客平时表现安静，喜欢清静的环境。他们很少主动与人交往，交谈起来很少滔滔不绝和大声说笑，情感很少外露，使人猜不透他们想什么或需要什么。

但稳重型旅客自制能力很强，做事总是不慌不忙，力求稳妥，生活有固定的规律，很少打扰别人。他们反应慢，希望别人讲话慢些或重复几次，自己讲话也慢条斯理，显得深思熟虑。他们的注意力比较稳定，对新环境不易适应，但一旦适应了又对乘坐过的列车或打过交道的服务人员产生留恋之感。

在服务工作中，对稳重型旅客介绍或交代事情时，应当注意讲话的速度，重点适当重复一下。一般情况不要过多地与他们交谈。如有交谈，尽量简单明了，不要滔滔不绝，以免他们反感。

4. 忧郁型旅客

忧郁型旅客相当于抑郁质。忧郁型旅客感情很少向外流露，心里有事一般不愿对别人讲，宁愿自己想。旅行中表现出性情孤僻、不合群、沉默寡言，不喜欢在公共场合与人交往和聊天。这类旅客对事情体验深刻，自尊心强，很敏感，好猜疑，想象丰富。他们在遇到困难或挫折时，会表现得非常痛苦，如丢失东西、身体有病或与人发生纠纷后会长时间不能平静。他们行动迟缓、反应慢。

在服务工作中，对忧郁型旅客应当十分尊重，对他们讲话要清楚明了、和蔼可亲。尽量少在他们面前谈话，绝对不要与他们开玩笑，以免产生误会和猜疑。当他们遗失物品、生病时，应当特别关心和给予帮助，想办法安慰他们，使之感到温暖。

四、处理投诉的沟通

（一）正确认识投诉

投诉是客户对我们服务工作的检验与评价，不论愿意与否，铁路客运服务部门都要接受旅客的评价。

铁路客运人员对待旅客投诉，应当抱以积极的态度。

1. 重视投诉

旅客的投诉大多是刺耳的、直接的、不留余地的。许多服务人员把投诉当成一个"烫手山芋"，主要是出于个人业绩考核成绩受到影响的缘故。企业应当建立更加完善的投诉管理制度，自上而下地让全体员工都认识到投诉对于企业经营的益处。

2. 欢迎投诉

旅客的投诉能让企业有机会回顾和检查客运服务中的不当之处。在投诉处理的过程中，服务人员可以向旅客解释企业的规定和标准，从而使旅客更好地理解企业。因此，作为客运服务人员，既不需要对投诉感到尴尬，也不需要带有畏惧的抵触情绪。

（二）处理投诉的原则

1. 以人为本的原则

发生旅客投诉案件时，铁路客运服务人员的基本立场应当是：尊重旅客的投诉权利。旅客是客运服务对象，是乘车消费者，有权利对我们的服务工作提出评价、建议甚至是批评。同时，客运服务人员还应当清醒地认识到，旅客投诉总是有原因、有理由、有诉求的。因此，以换位思考的方式来看待投诉案件，服务人员的工作心态就会是平和的、包容的、积极的，同时也会更加主动地探究旅客的心态和投诉的原因，客我双方的沟通便会更加有效，投诉问题的处理就会变得简单。

2. 迅速解决问题的原则

旅客投诉是有原因、有理由、有诉求的。投诉处理是否得当最主要的一项依据就是旅客的诉求是否能得到满足。这里有两点必须注意：

第一，旅客的诉求是否能够被服务人员正确领会。铁路客运服务有着客流密集的特点，客运服务人员每天面对不同地域、身份、职业、年龄、性格的旅客，在处理各类投诉案件时，客运服务人员应当借助旅客心理分析的技巧帮助自己准确地判断旅客投诉的真实诉求，以便更好地处理投诉。

第二，旅客投诉的处理必须及时、有效。不仅要实现尽量满足旅客诉求的结果，同样重要的是处理流程要简化，旅客反馈要及时。投诉处理得及时，表现出铁路企业及客运服务人员对旅客的重视以及改进服务的良好态度，这会在一定程度上改善旅客对铁路行业的印象；如果投诉处理得不及时，则会让铁路企业及客运服务人员彻底地失信于旅客。

3. 正确理解责任的原则

一些客运服务人员面对旅客投诉的第一反应是："这是我的责任吗？""如果旅客向上级投诉，我应该怎么解释。"这反映出服务人员对旅客投诉的惧怕、担忧和逃避的心态。这其中的原因多半出于旅客投诉对自身工作成绩的影响。但是，这样的心态显然是不利于投诉的处理和矛盾的化解的。所以，铁路客运行业管理者和客运服务人员都应当更新观念，对旅客投诉案件中的责任问题有正确的认识：

首先，投诉不是企业的毒药，而是企业的镇静剂。服务有漏洞引起旅客需求不满而投诉，这是服务工作中正常的现象。如果投诉处理得当，反而能够帮助企业改善公共关系和公众形象。服务型企业应当将投诉处理视为企业管理的常规工作和必要环节，让投诉为提高企业服务水平增添动力。

其次，投诉责任的认定，是为了更好地解决旅客的问题，并寻找改进服务流程与质量的途径。企业在进行内部管理时，应该强调投诉案件的责任不是给员工定罪，而是以反思、警示和日后防范为目的。企业应当让员工卸下包袱和心理负担，积极地应对投诉，妥善地处理投诉，在投诉中交友而非树敌。

最后，一些客运服务人员会对旅客说："您别着急，如果这件事是我们的责任，我一定帮您解决。"这句话听起来很礼貌，其实流露出了服务人员推卸责任、被动服务的心态和立场。即使企业的服务人员在投诉事件中不承担责任，也应当利用投诉增进对客沟通，树立对客形象，维系企业的公共关系。

（三）处理投诉的沟通方法

1. 用心倾听

倾听旅客的投诉不仅能够了解整个事件的过程，同时还能掌握事情发生的细节，确认问题的实质所在。此外，旅客在诉说中，情绪得到了宣泄，接待投诉的服务人员表现出耐心的倾听，有利于平复旅客愤怒的情绪。

2. 真诚道歉

当旅客抱怨或投诉时，无论是不是客运服务人员的错误，都要真诚地向旅客道歉，并对旅客提出的问题表示感谢。尤其是在工作确实存在过失的情况下，更应当立即道歉。如："对不起，给您的出行添麻烦了。"这样，可以让旅客在心理上感到自己受到了重视。

3. 协商解决

听了客人的投诉后，客运服务人员首先要弄清楚旅客投诉的原因，分析旅客的诉求，切忌在了解旅客真实想法之前就贸然地直接提出解决方案。在协商解决问题的时候，不要推卸责任，指责或敷衍旅客，这会让旅客感觉受到了排斥、轻视、不公。在明白旅客的真实想法后，首先要礼貌地告知旅客我方能够采取的措施，并尽可能让其同意。如果旅客不清楚、不同意这一处理决定，就不要盲目地采取行动。

4. 采取行动

旅客同意处理意见后，客运服务人员应当言出必行，对旅客的承诺必须落实，并且是立即行动，用速度和效率表明铁路企业和客运服务人员重视旅客的立场。如果有些措施无法当场兑现，或遇到一些特殊情况，如被投诉的人员不在现场，就可以采取电话致歉、书面致歉等沟通反馈方式。

5. 感谢旅客

对待投诉的旅客一定要向他表示感谢，感谢旅客选择我们的服务并发现服务中的不足，这是对我们服务工作提升的最大帮助。

实训设计

一、实训目的和要求
1. 能够自信、得体地与旅客交流。
2. 能够熟练、自如地应对旅客的咨询。
3. 掌握处理投诉的一般流程与方法。

二、实训内容
1. 对客沟通与交流。
2. 实训项目：
（1）重点旅客服务沟通训练。
（2）旅客投诉情景模拟训练。

三、实训评价
1. 学生评价。
2. 教师评价。

项目四

铁路客运服务人员常用服务礼仪

学习目标

1. 知识目标

掌握问询、售票、安检、检票、站台、出站服务礼仪规范

掌握列车员、列车长、餐车服务内容与礼仪要求

2. 能力目标

能自我约束

能解决一些突发问题

能进行简单的心理疏导

能树立主动服务的意识

具有团队意识与工作意识

任务一 铁路客运服务人员车站服务礼仪

子任务一 问询服务

案例导入

"5499青年服务台"是结合上海南站服务设施的新特点,以服务旅客为宗旨而创立的服务品牌。"五四"是中国青年的代称,它涵盖了青春、活

力和朝气，预示着上海南站这座"年轻"的现代化车站像青年人一般充满希望，拥有光明的未来；"九九"一方面表示"青年服务台"位于高度为 9.9 m 的环形平台上，"9"又是数字中的最高级数，蕴含着上海南站客运服务工作追求同行业最高标准，争创一流的决心和理念。另一方面，以"九九"为谐音，表示服务旅客是"长久"之事。"5499 青年服务台"设置了旅客咨询、投诉受理、预约服务、重点旅客服务等项目，并同售票处的"特需服务专窗"实行联动，为老、弱、病、残、孕及有特殊需要的旅客提供重点服务。

其服务内容有：为旅客提供观光、就医、购票、托运、交通换乘指南；与上海铁路局管内的站、车"服务品牌"衔接，为过往的重点旅客提供叫车、接送、购药等联程预约服务；向旅客提供列车到发时刻、候车区域、乘车站台、列车晚点等信息；为有特殊需要的旅客提供寄信、发传真、广播找人、找针线包、购买非处方小药品、简易修理工具等便利。热情接待旅客投诉，耐心解答旅客咨询；帮助单独旅行的 80 岁以上老人（出示相关证件）、孕妇、怀抱婴儿、下肢残疾的旅客购票。

知识储备

一、问询服务

一般车站都会设置问询处，主要解答旅客在乘车前不清楚或不明白的事。随着高速铁路的发展，大型的高铁站成为城市的交通枢纽，地铁站、公交车站，甚至机场等交通设施与高铁站交会在一起。因此，车站的面积扩大，功能趋于复杂化、多样化。对旅客来说，醒目的标识成了行路的指南。尽管如此，人工服务依然必不可少。大型的火车站一般会设置服务中心或服务站，为旅客提供乘车方面的问询服务。上海铁路局南京站、南京南站设置的"158 雷锋服务站"，除了为旅客提供问询服务外，还为老、弱、病、残、孕等特殊旅客提供候车、乘降、出站等帮助，充分体现了铁路服务细致化、人性化的特点。

二、问询服务礼仪规范

（一）符合岗位规范

（1）上岗前，做好仪容仪表的自我检查，做到仪表整洁、仪容端庄，符合《铁路旅客运输服务质量标准》的要求。

（2）工作中保持站立，站姿端正，精神饱满，面带微笑，思想集中。

（二）态度热情

（1）热情对待每一位中外宾客的问询，做到有问必答，用词准确、简洁明了。

（2）学会察言观色，善于利用体态语言表达情感，以便更好地与你的服务对象交流。

（3）不得与旅客争辩，不得使用粗俗的言语、鲁莽的举止。

（三）正确引导

（1）使用正确的引导手势，指引旅客要去的方向。切忌伸出一个手指头，指指点点。

（2）使用正确的用语，使对方有一种受人尊重的感觉。在当前的客运引导服务中，一方面，应逐步推广使用先进的电子引导装置，来自动完成客运服务过程，体现一种"无声服务"的氛围，营造一个温馨、安静的车站服务环境。另一方面，我们更应提高服务人员的自身素质，努力掌握礼仪规范，不断提高服务档次，提高综合服务水平，以体现我们的礼仪引导的魅力。

实训设计

一、实训目的和要求

1. 掌握铁路客运站问询服务的规范和礼仪。
2. 掌握铁路客运站引导服务礼仪。

二、实训内容

1. 在实训室或教室模拟某火车站候车大厅咨询台或服务站场景。
2. 实训项目：

（1）问询服务礼仪训练。

（2）引导服务礼仪训练。

三、实训评价

1. 学生评价。

2. 教师评价。

子任务二　售票服务

案例导入

售票员：您好！8号售票员很高兴为您服务。请问您需要哪里的车票？

旅客：我要从北京到长春的最早的一趟。

售票员：请问您需要卧铺、动车还是高铁呢？

旅客：要动车吧。

售票员：好的。最早的一趟是十点十分的D28，267.5元。

旅客：好。

售票员：收您270元，找您2.5元，请您拿好。请您慢走，再见！

知识储备

一、售票服务

售票处是客运车站的重点工作部门。小小的车票，连着铁路与旅客的情感，渗透着铁路对旅客的责任。当旅客来到售票厅，宽敞的大厅、先进的设备、明亮的窗口、清新的环境，让旅客耳目一新。售票员若能用亲切、轻柔的声音向他问好，用准确快捷的服务为他售票，定会给其带来美好的回味。

电脑售票虽然方便快捷，但对售票窗口的服务提出了新的要求。售票员必须不断学习、提高自身技能，才能更好地为广大旅客提供服务。虽然售票时售票员与旅客只有几句简单的问答交流和几个简单的动作，但也要讲究售票艺术和礼仪规范。

二、售票处服务礼仪

售票窗口虽小，却是车站服务的前沿阵地。曾经有过统计，旅客对售票窗口的评价90%在于售票员的态度。伴随着计算机售票的应用，对售票窗口的服务提出了新的要求。售票员必须不断学习，提高自身技能，才能更好地为广大旅客提供服务。虽然售票时售票员与旅客只有几句简单的问答和几个简单的动作，但也要讲究售票艺术和礼仪规范。

售票员服务礼仪规范：

（1）穿规定的制服。工作服要经常清洗、熨烫，保持清洁整齐。必须佩戴职务标志或工号牌，做到仪表整洁、仪容端庄。

（2）工作时，精神饱满、思想集中，不与同事闲聊。

（3）旅客购票时．要主动热情，态度和蔼，面带笑容。

（4）售票时，做到准确无误；对旅客表达不清楚的地方，要仔细问清楚，以免出错。

（5）业务熟练，工作有序，讲求效率。

有些车站根据售票窗口操作流程，可以形成"三语两声"的语言规范，即"讲好开头语，坚持标准语，用好结束语，做到服务开头有问候声，服务结束有道别声"。我们每个车站都可以从中总结规律和经验，让车票又快又好地到达旅客手中。

实训设计

一、实训目的和要求

1. 掌握售票的基本程序。
2. 掌握售票的服务礼仪。

二、实训内容

1. 在教室或者实训室模拟某火车站售票窗口。
2. 由学生自己设计情境模拟不同性格旅客来进行售票服务礼仪训练。

三、实训评价

1. 学生评价。

2. 教师评价。

子任务三 安检服务

案例导入

小陈是一名安检员,在安检部门工作了5年。一天,一位旅客进站时携带着液态物品,按照规定旅客需亲自品尝,而当他尝了一小口,盖上盖子准备离开时,小陈隐约闻到一种特殊的味道,于是要求旅客重新把饮料拿出来。小陈打开瓶子,仔细检查,发现饮料里掺有易燃物质——汽油。

知识储备

"一路平安!"是人们出行常说的一句祝福语。安全顺利地到达目的地,是每一位旅客的共同心声,也是我们铁路运输部门肩负的责任。因此,安全检查是与旅客安全息息相关的一个岗位。

一、行包安检制度

1. 安检制度

(1) 认真贯彻执行《中华人民共和国安全生产法》和上级部门有关文件精神,结合车站实际情况,对所有旅客的行李,进行严格认真的安全检查,确保旅客乘车安全。

(2) 每天按规定时间开关安检机,在安检机运作过程中,文明礼貌地指导旅客将行李过安检机,并严格进行监控。

(3) 严格进行危险、违禁品检查,将危险、违禁品堵截在站场及车外,发现有人携带危险、违禁品进站时,要及时劝阻其携带上车,并按有关规定做好相关的解释工作。发现有携带枪支弹药的立刻向公安机关和值班领导报告,并做好保护现场的工作及做好应对策略,防范突发事件。

(4) 车站通过广播向游客宣传危险、违禁品的危害性和相关规定。安检员必须佩戴安检员的标志,文明上岗,对旅客耐心进行安全教育,要求旅客积极主动配合搞好安全检查工作。

（5）每天必须做好安检机的工作日志和检查记录工作，并将所缴物品移交有关职能部门处理。

2. 安检员职责

（1）主动维持旅客进站秩序，引导旅客凭票有序入站，行李过机安检；引导入站后的旅客迅速离开入口处，避免堵塞入口。

（2）熟练掌握安检机的正确操作程序和技能，努力提高对危险、违禁品的认知能力。

（3）监测旅客携带行李，杜绝危险、违禁品及其他禁运物品入站，收缴危险、违禁品，做好登记工作，下班时统一上交。

3. 行包安检程序

（1）安检员在候车室入口处，引导旅客将行李物品放置于 X 光检测仪行李传送带上送检。

（2）安检员根据"逢包必检"的要求，通过 X 光检测仪对物品进行检测。对 X 光检测仪检查发现下列情况，必须进行开包检查：

① 图像模糊不清，无法判断物品性质的。

② 发现似有利器、电池、导线、钟表、粉末状、液体状、枪弹状及其他可疑物品的。

③ 发现似有容器、仪表、瓷器等物品的。

④ 有其他可疑情况的。

（3）安检员根据"逢疑必查"的要求，控制需开包检查的物品，请物主自行打开箱包接受检查；或经物主同意后，由安检人员实施开包检查。对可疑物品进行辨别，发现可疑情况进行重点检查。对可疑人员，由安检人员进行先期问询，不能排除嫌疑的及时联系公安民警到场进行盘查。

（4）安检员应规范填写《安检工作登记簿》，对收取的危险、违禁品进行登记，全面记录安检工作情况。

4. 危险、违禁品处理程序

（1）安检员发现超过旅客限量携带规定的少量危险性质的生活用品，可以由旅客选择交送站亲友带回或将该物品上交安保办后方可进站乘车。

（2）安检人员发现严禁携带和托运的危险、违禁物品时，应当将物品及旅客交单位保卫科或拨打"110",由公安人员到场处置。

(3)旅客不配合安检时,安检人员应做好解释和说服工作,经劝告仍不接受安检的,应当拒绝其进站;经劝阻无效,仍强行进站或滞留现场扰乱秩序的,到单位保卫科现场处理,超职权范围的应拨打"110",由公安人员到场处置。

(4)对查获的危险品要进行登记并妥善保管,交公安派出所按规定处理。

5. 铁路禁止携带托运的物品

(1)枪支、械具类(含主要零部件),包括:

① 公务用枪(手枪、步枪、冲锋枪、机枪、防暴枪等)。

② 民用枪(气枪、猎枪、运动枪、麻醉注射枪等)。

③ 其他枪支(道具枪、仿真枪、发令枪、钢珠枪、催泪枪、电击枪、消防灭火枪等)。

④ 具有攻击性的各类器械、械具(警棍、催泪器、电击器、防卫器、弓、弩等)。

⑤ 上述物品的仿制品。

(2)爆炸物品类,包括:

① 弹药(各类炮弹和子弹等)。

② 爆破器材(炸药、雷管、导火索、导爆索、爆破剂、发爆器、手雷、手榴弹等)。

③ 烟火制品(礼花弹、烟花、鞭炮、摔炮、拉炮、砸炮、发令纸以及黑火药、烟火剂、引线等)。

④ 上述物品的仿制品。

(3)管制刀具,包括匕首、三棱刀(包括机械加工用的三棱刮刀)、带有自锁装置的弹簧刀以及其他类似的单刃、双刃、三棱刀等。

(4)易燃易爆物品,包括:

① 易燃、助燃、可燃毒性压缩气体和液化气体(氢气、甲烷、乙烷、丁烷、天然气、乙烯、丙烯、乙炔(溶于介质的)、一氧化碳、液化石油气、氧气、煤气(瓦斯)等)。

② 易燃液体（汽油、煤油、柴油、苯、乙醇（酒精）、丙酮、乙醚、油漆、稀料、松香油及含易燃溶剂的制品等）。

③ 易燃固体（红磷、闪光粉、固体酒精、赛璐珞等）。

④ 自燃物品（黄磷、白磷、硝化纤维（含胶片）、油纸及其制品等）。

⑤ 遇水燃烧物品（金属钾、钠、锂、碳化钙（电石），镁铝粉等）。

⑥ 氧化性物质和有机过氧化物（高锰酸钾、氯酸钾、过氧化钠、过氧化钾、过氧化铅、过氧乙酸、过氧乙氢等）。

（5）毒害品，包括氰化物、砒霜、毒鼠强、汞（水银）、剧毒农药等剧毒化学品以及硒粉、苯酚、生漆等。

（6）腐蚀性物品，包括盐酸、硫酸、硝酸、氢氧化钠、氢氧化钾、蓄电池（含氢氧化钾固体或注有碱液的）等。

（7）放射性物品，包括放射性同位素等。

（8）传染病病原体，包括乙肝病毒、炭疽菌、结核杆菌、艾滋病病毒等。

（9）《铁路危险货物品名表》所列除上述物品以外的其他物品以及不能判明性质可能具有危险性的物品。

（10）国家法律、行政法规规定的其他禁止旅客携带托运的物品。

二、安全检查礼仪

（一）着装统一

穿着规定制服，帽徽和职务标志佩戴一致，服装干净，衣扣、领带、领结整齐，符合铁道部《铁路旅客运输服务质量标准》的要求。

（二）举止彬彬有礼

检查前，应主动说声"谢谢您的合作"，并主动伸手去帮旅客把包放到检测仪上或抬到桌子上。检查过后应向旅客表示感谢，如："给您添麻烦了！""祝您旅行愉快，再见！"

如果旅客比较多，应协助其进行检查，并婉转地提示旅客加快速度，并提醒后一位做好准备，避免出现拥挤忙乱的现象。

向旅客面对面宣传时,应做到声音温柔平和,态度和蔼亲切,并多使用"请""对不起""谢谢"等谦辞;不能蛮横粗野,更不能大喊大叫。

(三) 为旅客着想

安检时,如发现违禁品,应向旅客详细指出哪些物品属于违禁品,严禁带进站、带上车。最好不要当着其他旅客的面检查包内的违禁品,应把包拿到一旁。因为一旦查出来会让旅客感到难堪,触犯他的自尊,有时会引起旅客的逆反心理。

(四) 学会使用对不起

由于你的工作给旅客带来了麻烦(尽管有些工作是按照铁路规章进行的),应该主动道歉,并对旅客的配合表示谢意。

实训设计

一、实训目的和要求

1. 掌握安全检查的规范和要求。
2. 掌握安全检查时的服务礼仪。

二、实训内容

1. 在教室或实训室模拟某火车站安检场景。
2. 进行安检程序和安检礼仪训练。

三、实训评价

1. 学生评价。
2. 教师评价。

子任务四　检票服务

案例导入

走进火车站候车室,忙得"没空抬头的",当属检票员了。只见检票员小张手中的检票剪"咔咔"作响,一张又一张绽放的笑脸急切地向站台奔去。长长的队伍,在三分钟内就全部通过了检票口。

小张是早晨7点30分上班,一直到晚上7点30分才会下班,中午不回家，整整一天，打饭、吃饭，连上休息一共有半小时的空余时间。

检票员每天能检多少票？小张说，这个数字不好统计，但可以知道的是，在人流大的时候，他每分钟能检40多张。"检票时一定要先把票上的信息看准确，要有速度和眼力的功夫，而且必须集中精力——一旦检错了变成废票，不但耽误旅客出行，想要换票退票还要走很麻烦的程序。"

天天这样检票，胳膊累吗？小张幽默地说："累是累，不过也有好处啊——练手劲儿！""每次一站就是几个小时，能受得了吗？"小张轻轻一笑说："我练过站功。"

小张说，他有时每天能检40多趟车，车流密集的时候，会忙得两小时喝不上水。有的旅客手里拿的不是今天的票，却一定要今天上车，态度很急躁。"这个时候不能急，得慢慢解释。"小张说，"这些工作肯定很累，有时也让人很烦躁。但面对态度不好的旅客，我们都要忍住自己的情绪耐心地做工作。出门在外都不容易，急着回家是正常心态，换了我也会是这样，换位思考，互相理解吧，人多但服务质量不能差！"小张说。

"开往北京的D22次列车现在开始检票！"小张又熟练地拿起大喇叭，向候车室里等待的人群提示。人流不断涌进检票口，小张又不断地从每一名旅客手中接过车票，用最快的速度仔细查看，以免旅客乘错车。

知识储备

检票是车站服务工作中重要的环节，这其中蕴含着服务艺术。检票时对旅客的尊重和礼貌，能反映出车站的文明水平。在你的服务岗位上，应该特别注重自己的言行和举止，自觉地树立良好的形象。

目前，高铁的检票是直接用车票或二代身份证通过闸机，但人工应急通道依然需要人工检票。此外，如果闸机出现故障或进行维修时，检票员仍然需要人工完成检票工作。

检票秩序如何是车站文明程度的标志，尤其是在客流量大而列车停站时间短时，更能反映出车站的服务水准。

检票服务礼仪规范：

一、符合服务规范

上岗前，做好仪容仪表的自我检查，着统一制服，做到仪表整洁、仪容端庄，符合《铁路旅客运输服务质量标准》的要求。

二、严格遵循工作程序

（1）掌握好检票时间。一般情况下，始发列车应在列车开车前 20～40 min 开始检票。过路车在列车到站前 10～20 min 开始检票。停止检票的时间一般为提前 5 min。

（2）检票员随时掌握列车的到站时间、停靠站台、候车地点和检票地点等运行情况，听通知到检票口进行检票。

（3）与广播室互相配合搞好这方面的宣传工作，播音要及时、准确、清楚，在候车室检票口的指示牌应提前挂好，电子引导装置应不间断显示。

（4）组织好检票过程。检票的前期组织工作对能否保持候车室的检票秩序是非常关键的，提前做好检票准备，这样可以避免忙中出错。

（5）要有得体的检票方法。右手拿票剪，左手接票，看清票面记载的时间、车次、到站地点，然后说出到站站名和人数，并同时剪口，即"一看、二唱、三下剪"。检票过程中做到干净利落、有条不紊、训练有素、精明干练。

三、语气平和，态度亲切

（1）检票中说话的语气要平和，吐字要清楚，态度要和蔼。交还车票时你可以说："祝您旅途愉快！"或者说："请您走好，再见！"等。如果等待检票的旅客人数比较多，你可以尽量加快速度，不必对每一名旅客都点头致意。

（2）如遇想上车补票而手上没票的旅客，要态度严肃、语气坚定地说："对不起，这位先生（女士），请问您的车票呢？"或者说："对不起，先生（女士），这趟车是对号入座，您必须凭票上车。"还可以说："先生（女士），您先补票，再进站。"

（3）当看到不是本次列车的旅客来检票时，可以对他（她）说："对不起，先生（女士），您的车票不是这趟车的。"或者说："对不起，先生（女士），现在检票的是××次，而您的车票却是××次，请您到××候车室去检票。"检票中的语言运用是相当重要的，应该引起我们的注意。

（4）如果因车站工作的失误给旅客造成麻烦，或者是旅客对车站某些工作不满意时，要从车站和全局的角度考虑问题，仍要主动向旅客道歉，并想方设法为旅客解决困难。

（5）在处理问题时，最好不要让旅客在大庭广众之下诉说车站工作的缺点和不足之处，可以把他请到值班室，亲切而友好地与他交谈。

检票时间紧，闸机难胜任

2015年春运期间，潍坊火车站二楼的候车大厅检票口，旅客分站成4列等待着检票。在检票口的中间位置，4台橘红色的自动检票闸机闪烁着绿色的指示灯，处于待机状态，而一旁的4名工作人员分别站在自动检票闸机的两侧，紧张快速地为旅客检票。

据车站工作人员介绍，自动检票闸机需要几秒钟的检索时间，效率没有人工检票高。通常情况下，自动检票闸机检票通过一个人的时间，人工检票可以通过5个人。如果一个班次的列车有300名以上的旅客需要检票的话，这4台自动检票闸机有可能无法在短时间内完成检票工作。这套设备其实更适合始发站，因为始发站都是提前15分钟进行检票，时间相对宽裕，而潍坊站作为一个中途站点，基本上每班次的检票时间只有2分钟左右，4台自动检票闸机2 min之内只能通过百余位旅客。所以，春运期间或节假日客流高峰时，火车站仍采用人工检票。

点评：自动检票闸机非常方便，但也会因为旅客不熟悉它的使用，或检票时离闸机太近等多种原因影响检票的速度。特别是在客流量大的时候，人工检票依然存在。

实训设计

一、实训目的

掌握检票服务礼仪。

二、实训内容

1. 在实训室或教室模拟某火车站检票口。
2. 由学生自己进行情境设计,设计针对不同客流的检票服务礼仪训练。

三、实训评价

1. 学生评价。
2. 教师评价。

子任务五 站台服务

案例导入

暑期客流高峰期,某火车站第9站台上,一名4岁男童太靠近站台边缘,列车又马上进站,小男孩不慎掉入列车与站台间的缝隙中,经现场工作人员及时处置,男孩很快获救,安然无恙。车站方面表示,高峰期时客流量较大,选择铁路出行时,请旅客听从铁路工作人员的指挥,靠站台白线内侧行走,尤其是带小孩出行的旅客,务必要照看好小孩,避免此类事件再次发生。

知识储备

站台是车站服务的关键岗位之一,旅客在等车和上车时容易混乱,特别是客流量大的时候。站台上车来人往,容易发生安全事故,因此,站台服务要将安全和礼仪相结合。

站台服务礼仪规范:

(1)着统一服装,做到仪表整洁、仪容端庄,符合铁道部《铁路旅客运输服务质量标准》的要求。上岗时要求不赤足穿鞋,不穿高跟鞋、钉子鞋、拖鞋,不戴首饰,不留长指甲,不染彩色指甲、头发,男性工作人员不留胡须、长发,女性工作人员头发不过肩。

(2)及时指引旅客到达列车即将停靠的站台。

(3)迎接列车时,车站工作人员要足踏白线,双目迎接列车的到来,从列车进入站台开始到列车停靠站台为止。

(4)站岗姿势要求挺胸、收腹,两脚跟并拢,脚尖略分开,双手自然垂直。行走、站立姿态要端正。在工作中不背手、叉腰、抱膀、手插衣兜或裤兜里。

（5）列车进站前，要维持好站台的秩序。按车厢的距离，安排好旅客排队等车。要时刻注意旅客的安全，个别旅客如站得离铁轨较近，要提醒他们站在安全线以后，以防列车进站时出现安全事故。

（6）列车员验票时，要配合列车员组织旅客排队验票、上车，防止安全事故的发生。

（7）列车离开车站时，要足踏白线，目送列车开出站台为止。

实训设计

一、实训目的和要求

掌握站台服务礼仪。

二、实训内容

1. 在实训室或教室模拟某火车站站台场景。
2. 进行站台立岗、引导和提醒礼仪训练。

三、实训评价

1. 学生评价。
2. 教师评价。

子任务六　出站服务

案例导入

每到春运期间，车一到站，人潮便汹涌而出，你推我挤，急切地奔向出站口。为确保全体旅客都能安全、快速、便捷地出站回家，小刘与队友们全力做好出站秩序的维护工作。有的到出站口协助查验票；有的到电梯口进行安全防护；有的在出站通道两侧疏导旅客；有的手拿扩音器，不停地喊着"请大家拿好票，依次出站""请提前准备好车票""请不要在出站口停留"……等大部分旅客都已经出站，他们还要仔细检查出站通道，确保不会有旅客因行李过重、购买转乘票，或其他原因而滞留出站口。

知识储备

出站口是车站服务的最后一个环节,服务礼仪依然不容忽视。当旅客下车后,出站口的卫生环境、工作人员的精神面貌、仪容仪表,以及收票、验票的服务动作、语言,都会引起旅客的注意,都能给旅客带去不同的感受。

出站口服务礼仪规范:

(1)着统一服装,做到仪表整洁、仪容端庄,符合铁道部《铁路旅客运输服务质量标准》的要求。

(2)精神饱满地站在岗位上,微笑地向旅客致意,给旅客亲切和热情的感受,让他们感到受人尊重。

(3)在收票、验票的过程中,要言谈举止高雅,态度亲切。

(4)接票时,应主动伸手去接,认真地看清票面。在车票上做好标记后,及时还给旅客。注意不要毁坏印有票价的部分。

(5)如遇到漏票的现象,要态度平和地要求旅客到补票处进行补票。切不可与旅客争吵,或讽刺挖苦旅客。因为当众出丑会令旅客难堪,激起他的逆反情绪。

(6)验票室如遇到老人、妇女、儿童,要适当注意,协助他们尽快出站。

实训设计

一、实训目的和要求

掌握出站服务礼仪。

二、实训内容

1. 在实训室或教室模拟某火车站出站口场景。

2. 进行正常数量旅客出站礼仪和非正常时期人流量很大时出站礼仪训练。

三、实训评价

1. 学生评价。

2. 教师评价。

任务二　铁路客运服务人员列车服务礼仪

子任务一　列车员服务

案例导入

春节日益将近，各大车站逐渐迎来出行高峰。为了更好地服务旅客，北京铁路局机关干部职工走出办公室，踏上火车，做起临客列车乘务员。

打开车门，放下渡板，挂好安全带、顺号夹、立岗、验票上车，向旅客提示注意脚下，几分钟后，铃声响起，摘下顺号夹、安全带，收起渡板，关门关锁。虽然是个"业余"列车员，但是一招一式有板有眼。被选为临客服务人员后，铁路部门对他们进行了客运业务、服务技能和安全知识的培训，从作业流程到灭火器的使用都进行了培训和演练，考试合格后才能拿到培训合格证书。

2017年1月29日子夜零点30分，天津开往上海的K313次列车发车，1号车厢里，小何仔细检查着车厢连接处的四个门，"出站必须检查四门，防止旅客抓车"。列车驶出天津站后，小何打开厕所门。列车驶过天津北站、杨柳青、静海，小何一边一步步挤过人群走向另一端的列车室，一边整理着行李架，怕没放稳的行李掉下来砸着人。1号车厢是硬座车厢，过道里挤满了人，小何用了20多分钟才整理完行李走进列车室。

凌晨1点16分，在列车开出40多分钟后，小何和其他的乘务人员终于吃上了当天的晚饭——馒头、咸菜加咸鸭蛋。3点16分，列车到达沧州，小何说，他们的服务不只在开车后，开车前就要做卫生、检修设备、准备餐料，不少人上车前就没吃饭。快到春节了，能让旅客顺利回家最重要，为实现这个目的，他们累点也值得。

知识储备

列车员，属于铁路一线工种，工作目的是将旅客平安地从A点运送到B点，期间提供与旅客购买车票相同等级的服务，包括开关车门，打扫车内卫生，提供舒适的乘车环境，维护车内公共秩序，协助乘警保障旅客旅行安全，并通过查验车票、核对铺位等方式，确保国家运输收入能颗粒归仓，减少国家财政损失。列车员的个人素质修养和能力以及优质服务直接能被旅客感受，也是旅客评价铁路服务质量的重要因素。

一、动车组列车乘务员

动车组列车乘务员要求敬业爱岗、遵章守纪、服从指挥、团结协作，具有符合动车组列车乘务员工作性质要求的相关业务知识技能，取得列车员岗位培训合格证书和中级及以上职业资格证书，具备上岗资格，从事列车乘务工作1年以上。

动车组列车乘务员的岗位职责包括贯彻执行有关安全生产及旅客运输的规章制度、命令、指示；负责列车车厢内的旅客安全、服务工作；负责检查运行中车厢内安全设备的状态和列车服务备品配置情况；负责监督检查列车保洁、整备情况；配合列车长处置车内非正常情况；及时、准确地填写本岗位各类记录与表格；对列车其他工作人员的违章违纪行为有权制止和劝阻等内容。

一般来说动车组列车乘务员在作业时有以下服务内容和礼仪要求：

（一）始发准备作业

始发准备作业时，要求乘务员按规定着装标志，做到仪容仪表规范，列队整齐，乘务包统一，资料携带齐全，携带设备状态良好；准时到指定地点列队点名，参加出乘会，整理仪容仪表，接受列车长命令，确认乘务情况，检查设备性能，并在列车进站前20分钟随列车长统一列队在站台接车。

（二）始发站作业

1. 始发站整备作业

始发站整备作业要求列车员对列车保洁整备质量进行检查验收，并向列车长汇报检查情况。要求检查认真，记录翔实，交接清楚。

2. 始发站放客时作业

始发站放客时作业要求列车员立岗及时、引导有序、安排妥善、及时锁闭卧车与座车间通过门；在指定车厢边门处（站台）立岗，引导重点旅客就位，指引旅客放置行李；确认旅客乘降完毕后，向列车长及时汇报。

（三）途中作业

1. 开车后作业

开车后作业要求列车员及时巡视车厢，检查行李摆放是否平稳，仔细查验车票并办理相关业务，卧车做好旅客乘车登记，掌握旅客去向，检查途中保洁作业质量，掌握重点旅客动态，遇有列车晚点，做好旅客安抚和解释工作。整个作业过程要求核对席位仔细，态度和蔼；登记及时，记录准确，解答问询耐心，解释安抚及时，减少对旅客的干扰。

2. 中途停站作业

中途停站作业要求列车员到站立岗及时、引导有序，到站前提前通报旅客做好下车准备，在指定车厢边门处（站台）立岗，引导重点旅客到位，指引旅客放置行李，确认旅客乘降完毕后，向列车长汇报。卧车更换中途下车旅客的卧具，做到卧具一客一换，卧车登记及时，记录准确。

（四）终到及折返站作业

终到及折返站作业要求列车员到站前提前通报旅客做好下车准备；到站后在指定车厢边门处（站台）立岗，与旅客道别，协助重点旅客下车；旅客下车完毕，巡视检查车厢，发现旅客遗失物品，及时报告上交列车长。整个作业过程要求立岗标准、主动热情、举止规范、动作迅速，检查仔细。

交接班时，列车员清点备品卧具要准确，和接班班组办理好交接，交接清楚，手续完备。交接完毕后，交班乘务组列队在指定位置处站台面向列车立岗，目送列车出站。

（五）退乘作业

退乘作业要求列车员在列车长的带领下列队退乘，队列整齐；参加退乘会听取列车长当趟乘务工作总结，认真做好笔记。

二、其他旅客列车列车员

旅客列车（动车组除外）列车员要求敬业爱岗、遵章守纪、服从指挥、团结协作，具有初中毕业及以上文化程度，具有符合列车员工作性质要求的相关业务知识技能，经培训后取得列车员岗位培训合格证书和初级及以上职业资格证书，能独立从事乘务工作（软卧列车员从事乘务工实际时间半年以上）。

旅客列车（动车组除外）列车员的岗位职责包括：贯彻执行有关安全生产及旅客运输的规章制度、命令、指示；负责列车车厢内旅客安全、服务工作；负责检查运行中车厢内安全设备的状态和列车服务备品配置情况；负责验收列车保洁质量；做好出库整备工作；配合列车长处置本车厢非正常情况；落实"首问首诉"负责制；负责妥善保管票证，核对证件，及时更换卧具，做好茶具消毒；及时准确地填写本岗位各类记录与表格等内容。

一般来说，旅客列车（动车组除外）列车员在作业时有以下服务内容和礼仪要求：

（一）始发准备作业

始发准备作业要求列车员穿着统一，仪容整洁，职务标志佩戴在左胸上方，做好个人整容；按规定时间到指定地点列队点名，认真听记上级指示、工作布置和接受业务提问，回答正确。

接到列车后要及时与库内保洁人员按整备出库标准逐项进行鉴定验收；做到车厢卫生达标，窗明几净，四壁无尘，无死角，无污迹，无异味，无积灰，清扫工具干净。全程铺地毯，揭示牌干净正确；卧具完整、清洁、铺放平展、折叠摆放整齐统一；水开瓶满；茶具消毒合格。

（二）始发站作业

1. 开门立岗作业

开门立岗作业要求列车员在广播预告放客后出岗准时统一，锁闭端门和乘务间，打开车门，悬挂活动顺号牌，卡牢脚踏板，抹扶手，面向旅客放行方向，立岗姿势端正，表情自然，迎接旅客。

2. 组织旅客上车作业

组织旅客上车作业要求列车员门岗宣传到位，验票认真，防止危险品带上车，防止旅客摔伤。上车秩序良好，行李物品摆放牢固整齐。

(三) 始发站开车作业

1. 车门管理作业

车门管理作业要求列车员铃响站线，铃止上车，收取活动顺号牌，放下脚踏板，收取顺号牌，车动锁门，面向站台行注目礼。列车出站台，自检互检边门，不漏锁车门，确保安全；厕所开启及时，防止旅客跳、坠车，防止人员扒车。

2. 安排整理作业

安排整理作业要求列车员态度和蔼，语言亲切，用语文明，作业规范，换票准确，核对证件认真，登记准确无差错。对重点旅客做到"三知三有"，座车列车员要带垫布帮助旅客摆放行李、物品，行李架物品摆放牢固整齐。卧铺列车员要求进包房先敲门，出包房退行，核对铺位，按顺序换发卧铺牌，进行登记，核对证件，做好重点照顾和登记。

3. 卫生清扫作业

卫生清扫作业要求列车员及时清扫地面、通过台、连接处、洗脸间。走廊、通过台干净，无积水、污渍。

4. 供水、登记及安全宣传检查作业

供水作业要求列车员向旅客全面供水一次，送水时带桶、站稳、接杯，水开、适量，以防烫伤。

登记作业要求列车员访问旅客，对旅客去向登记准确，重点旅客记载清楚；对旅客携带的硬质包装容器情况进行登记。

安全宣传检查作业要求列车员认真宣传查堵，问题处理及时，做好旅客安全乘车事项及无烟车厢宣传工作，检查旅客有无携带危险品，查出后交列车长处理。

(四) 中途作业

1. 运行中作业

运行中作业要求列车巡视车厢，解答问询，加强宣传和巡视，做到勤观察、勤宣传、勤巡视、勤检查，要做好车厢旅客的服务工作。重点旅客做到"三知三有"，车厢保持整齐，温度适宜，卫生做到随脏随扫，及时冲刷厕所，达到无异味、无粪便、无积水。遇临时停车做好宣传，到边门处立岗，加强瞭望。

2. 到站前作业

到站前作业要求列车员到站前要清扫地面，确保卫生整洁；到岗及时。通报站名、到达时刻、停站时间，把重点旅客带到车门口，厕所冲洗后锁闭，试开车门，清理垃圾桶，垃圾装袋扎口，放置在指定位置。

3. 停车时作业

停车时作业要求列车员组织旅客先下后上，有序乘降，保证安全。

车停开门，高站台停车 3 分钟以上必须放置安全渡板、悬挂警示带、挂顺号牌、抹扶手；看票上车、扶老携幼；垃圾装袋完好，交站及时，定点投放。

铃响站线，铃止上车，放下脚踏板，取下活动顺号牌，车动锁门，面向站台行注目礼。

4. 开车后作业

开车后作业要求列车员车动锁门、开厕所、自检互检车门、不漏锁车门，防止旅客坠车、跳车；安排重点旅客座位和行李，整理行李架、衣帽钩；宣传旅行、卫生常识，及时劝阻旅客不文明行为；向旅客宣传不随地吐痰、不向窗外乱扔废弃物、不在车厢内吸烟的知识，同时解答问询。

5. 夜间作业

夜间作业要求列车员向旅客介绍安全注意事项。关闭半夜灯前扫拖地面，擦抹茶几、窗台。加强重点区间的巡视，发现问题，妥善处理，保持车内秩序良好；整理乘务室，清扫厕所、洗脸间、通过台、锅炉室。做好夜间旅客去向登记，停站前通报站名及时准确，唤醒旅客，防止越站。

6. 清晨作业

清晨作业要求列车员确保厕所无异味，洗脸间台面、连接处保持干净，行李架整齐，开水供应充足。

7. 交接班作业

交接班作业要求列车员交班前卫生整洁干净，全面清扫地面，垃圾装袋扎口；清扫工具、服务设施等备品要齐全定位；排队交接班，队列整齐统一，听取列车长传达有关事项。

（五）折返站作业

1. 折返站前作业

折返站前作业要求列车员到站前锁闭厕所门和端门，提前 30 分钟换发车票，换票准确、语言清晰、态度诚恳；收回卧铺牌；通告到站时刻，征求旅客意见；清理卫生，垃圾装袋扎口，放置在指定位置。

2. 组织旅客下车作业

组织旅客下车作业要求列车员进站前及时到岗，面向站台立岗，做到姿势端正，活动顺号牌悬挂一致，帮助旅客下车，防止旅客摔伤；垃圾装袋，到站定点投放；全面检查车厢，发现遗失物品交列车长处理。

3. 停留作业

停留作业要求列车员在异地无保洁时做好卫生整理，干净整洁，无垃圾，无杂物，无异味；果皮盘、暖水瓶要定位存放；卧具全面更换，摆放整齐；与列车保洁人员办理交接确认并接受列车长卫生鉴定。作业完毕后要听从车长安排，整齐列队到公寓休息。

4. 返乘整备作业

返乘整备作业要求列车员准时参加车班返乘会，列队接车，与列车保洁人员办理交接；车窗、窗帘全列一致；卧具完整清洁，折叠统一，铺放平展，摆放一致；备品齐全，隐蔽定位；检查客运服务设施设备运用状态和车内安全锤挂放情况；发现问题及时报告列车长，接受列车长出库整备鉴定。

实训设计

一、实训目的和要求

掌握列车员工作内容和服务礼仪。

二、实训内容

1. 在实训室或教室模拟某次列车的列车员服务场景。
2. 实训项目：

（1）动车组列车员工作内容和服务礼仪训练。

（2）旅客列车（动车组除外）列车员工作内容和服务礼仪训练。

三、实训评价

1. 学生评价。
2. 教师评价及评分。

子任务二　列车长服务

案例导入

大年初四，中午12:15，新客站。漂亮的流线型高铁旁，齐刷刷地走来一队"娘子军"——淡紫色旅行箱、紫色套装、印花方巾、精致的妆容……这就是动车组列车长琳琳和她的"兵"。从大年夜到年初三，琳琳还没回家休息过一天。新年里，她最大的心愿是让更多高铁旅客感受到体贴细致的服务。

匆匆跨进车门，脱去大衣、安放好行李箱、戴上对讲机，琳琳开始对车厢进行全面体检，包括检查电茶炉，保证亮灯，让旅客喝上热水；残疾人厕所按规定要铺好一次性坐垫；检查洗手间旁的婴儿护理台；检查是否夹带垃圾；厕所是否清理干净；灭火器、逃生锤是否安放合格；座位前的网兜内是否有垃圾……

短短半小时，8节车厢体检完毕，"12:45了，客人该上车了。"琳琳抬手看一眼手表，向车厢门口走去。

"您好，欢迎乘车！""老人家，当心脚下。"面带亲切的微笑，每上来一位旅客，琳琳和列车员都双手交叠在前，微微向前30度鞠躬。动车组列车员标准的航空式服务让不少旅客眼前一亮。

13:01，动车组列车准时从上海站出发，速度逐渐加快，"妈妈，你看，真的像飞一样！"一名男孩兴奋地对母亲喊着。

铁路在发展，旅客对列车服务的要求也更高了。为了上高铁，琳琳等人接受了为期近半年的集中培训，从礼仪、语言一直到心理学课程、医疗救护知识，服务礼仪都是参照航空标准，相对以往端茶倒水、扫地铺床的列车服务有了新的挑战。

与传统列车服务不同的是，高铁更注重细节关怀。高铁乘务员与旅客的交流采用"三明治方式"，比如看到有旅客在车厢连接处的过道徘徊，神情犹豫，她们就要主动上前询问是否需要帮助，是要找厕所还是找开水；有时候,她们提醒旅客不要将包挂在椅背上,如果旅客又挂上了,她们会委婉地再次提醒。也就是说,要学会察言观色,提供全方位的、体贴细致的服务。

知识储备

列车长是列车乘务组的负责人,负责乘务工作中列车员的工作安排;召开班组会议,总结并向派班室汇报往返乘务工作情况,提出书面乘务报告;及时处理乘务工作中的突发情况,严格执行安全制度;做好车容卫生工作的管理、检查,搞好卫生宣传,确保创造良好的乘车环境。随着我国铁路客运大量先进设备的运营,列车长更要具备良好的人际沟通能力,有铁路运营知识的背景和丰富的铁路指挥经验,面对问题能从容解决,具有独立的判断能为和果断的决策能力。

一、动车组列车长

动车组列车长要求具有大专毕业或同等学力及以上文化程度,敬业爱岗、遵章守纪、服从指挥、团结协作,从事列车乘务工作2年以上,其中动车组列车1年以上,具有符合动车组列车长工作性质要求的相关业务知识技能,取得列车长岗位培训合格证书和中级及以上职业资格证书,具备妥善处理突发情况的能力。

动车组列车长的岗位职责包括贯彻执行有关安全生产及旅客运输的规章制度、命令、指示;落实上级布置的各项工作;负责列车"六乘一体"的协调、管理;组织召开客运乘务组出、退乘会;负责对列车安全服务设备设施的检查、记录及报修;负责检查验收列车保洁、整备质量,监督检查列车餐饮工作质量;负责办理列车上的各项客运业务;负责班组基础管理和建设,督促乘务组人员按照标准作业,落实考核制度;负责受理旅客投诉,帮助旅客解决困难,收集旅客对列车服务工作的意见及建议;负责列车非正常情况和突发事件的应急处理;及时准确填写本岗位各类记录与表格;对列车客运相关工作人员的违章违纪行为有权纠正和考核,对列车其他工作人员的违章违纪行为有权制止和劝阻等内容。

一般来说动车组列车长在作业时有以下服务内容和礼仪要求:

（一）出乘准备作业

出乘准备作业要求动车组列车长按时到车队报到，接受命令指示，确认担当乘务情况，填写《乘务日志》，领取有关设备及票据；准时到指定地点列队点名，召开出乘会，布置乘务任务，检查乘务员仪容仪表，传达命令、指示；携带客运业务资料及 GSM-R 手持终端（或 PDA）、移动补票机、无线对讲机等设备，于列车进站前 20 分钟组织乘务组在站台接车。

在出乘准备时，动车组列车长要出乘准时，按规定检查人员的着装标志，仪容仪表规范；资料要携带齐全，任务明确，设备状态良好；布置工作重点突出，措施具体，达到人人清楚；出乘时要列队整齐，乘务包统一，接车准时。

（二）始发站作业

1. 始发站车容整备作业

始发站车容整备作业要求动车组列车长在列车进站停稳后，调试 GSM-R 终端和无线对讲机，与动车组司机校对准确时间及车次；组织列车员细致检查列车服务设施设备及上水情况，验收车厢卫生，办理交接，做好翔实记录。

2. 始发站放客时作业

始发站放客时作业要求动车组列车长在指定站台位置处立岗，做好重点旅客引导工作；与车站客运工作人员办理业务交接，掌握乘车人数；确认旅客下车完毕后通知司机（或随车机械师）关闭车门。遇动车组重联运行时，两名列车长互相确认旅客乘降完毕后，由运行前方第一组的列车长负责通知司机（或随车机械师）关闭车门。

始发站放客时作业，动车组列车长要及时立岗，引导有序，安排妥善，交接清楚，通知及时，确认旅客乘降完毕细致、及时。

（三）途中作业

1. 开车后作业

开车后作业要求动车组列车长巡视车厢，检查行李摆放情况；根据剩余席位信息，核对空余席位，组织查验车票；督促检查途中保洁作业质量，如实填写验收记录；检查列车餐营工作情况，制止违规经营行为；掌握重点旅客动态，落实"首问首诉"负责制；发现设备故障，通知随车机械师及时处理；遇有列车晚点超过 15 分钟，及时向司机了解原因，通过广播向旅客致歉并说明情况。

开车后作业时，动车组列车长要求广播按时播报，音量适中；行李物品摆放平稳，通道保持畅通；减少对旅客的干扰；保洁和餐饮工作检查仔细，质量达标；重点旅客重点照顾，服务旅客耐心周到；及时督促机械师修复设备故障，确保设备作用良好；耐心解答问询，广播致歉及时。

2. 中途停站作业

中途停站作业要求动车组列车长到站前 5 分钟广播通报站名、到站时刻，开车后 5 分钟内广播预告前方停车站、到开时刻；在指定站台位置处立岗，做好重点旅客引导；与车站客运值班员办理业务交接，确认旅客乘降完毕后通知司机（或随车机械师）关闭车门。

中途停站作业时，动车组列车长要求广播按时播报，内容准确，音量适中；到站立岗及时，引导有序，安排妥善；确认旅客乘降完毕准确，通知及时。

（四）终到、折返站作业

1. 组织旅客下车

终到、折返站作业要求动车组列车长列车终到前 5 分钟播放欢送词；列车到站后，在指定站台位置处立岗，与旅客道别，协助重点旅客下车；旅客下车完毕，巡视检查全列车厢。

组织旅客下车作业中，动车组列车长要求广播按时播报，音量适中；立岗标准，举止规范、主动热情；巡视动作迅速，检查仔细。

2. 交接作业

交接作业要求动车组列车长与车站客运值班员办理业务交接；遇交接班时，交接班列车长在指定站台位置处交接；交接完毕后，交班乘务组列队在指定位置处站台面向列车立岗，目送列车出站。

交接作业中，动车组列车长要求交接迅速，内容清楚、手续完备。

（五）退乘作业

退乘作业要求动车组列车长召开退乘会，总结工作完成情况，填写《乘务日志》；带领客运乘务人员列队退乘；需要缴款时到规定地点缴款；到客运段值班室报到，汇报工作完成情况，递交《乘务日志》等报表，上交有关设备，接受命令指示。

退乘作业中，动车组列车长要求做到总结重点突出，《乘务日志》记录翔实；队列整齐；交款及时，有专人护送，账款相符；设备交接清楚，手续完备。

二、其他旅客列车列车长

旅客列车（动车组除外）列车长要求敬业爱岗、遵章守纪、服从指挥、团结协作，高中毕业（或同等学力）及以上文化程度，从事乘务工作实际时间满两年以上，具有符合列车长工作性质要求的相关业务知识技能，取得列车长岗位培训合格证书和中级及以上职业资格证书。

旅客列车列车长的岗位职责包括贯彻执行有关安全生产及旅客运输的规章制度、命令、指示，落实上级布置的各项工作；负责"三乘一体"的协调、管理；组织召开客运乘务组出、退乘会，餐车完工会和"三乘一体"会；负责对列车安全服务设备设施、列车保洁和整备质量的检查；监督检查列车餐饮工作质量；检查列车各岗位作业标准执行情况，落实考核制度；办理列车上的各项客运业务及与车站的交接；做好重点旅客的安排，受理旅客投诉，收集旅客对列车服务工作的意见及建议；做好列车非正常情况下的应急处置；做好班组的基础管理和建设，组织班组日常业务学习和安全教育；做好票据、票款的管理；及时准确地填写本岗位各类记录与表格；对列车各岗位工作人员违章违纪行为有权制止、纠正；对客运班组工作人员有权进行考核。

一般来说旅客列车列车长在作业时有以下服务内容和礼仪要求：

（一）始发站准备作业

1. 出乘准备

出乘准备要求旅客列车列车长按规定时间提前到客运段、乘务科和车队请示工作、接受任务、填写乘务报告，到派班室摘抄命令指示，了解列车编组、重点旅客运输及班组人员情况；准时到指定地点列队点名，检查仪容、着装，听取有关命令、电报、业务事项传达，接受业务提问；布置计划，提出工作重点和具体目标；组织各项备品设备设施的补充；检查列车上料、上水情况。

出乘准备时，旅客列车列车长要求着装统一，标志齐全，精神饱满，仪容整洁，列队整齐；命令、电报摘抄齐全，字迹清楚；布置计划重点突出，措施具体，做到人人清楚；备品齐全，设施、设备良好，餐料、燃料充足。

2. 接受列车

接受列车要求旅客列车列车长组织乘务员与列车保洁人员办理交接，接受列车；到各车厢检查、了解安全、服务设施设备情况；组织各车厢卫生整备鉴定，与保洁领班进行对口签字交接，质量达标签收。

接受列车时，旅客列车列车长要求做到乘务组列队整齐，乘务包统一，交接准确。

3. 库内车容整备

库内车容整备要求旅客列车列车长检查各工种作业准备工作情况；审批广播计划和餐车员计划；检查开水准备情况；检查各车厢按规定悬挂摆放各种备品、卧具、车容整理情况；整理办公席规章、台账、资料票据及办公用具；组织做好"三乘"联检工作，检查餐车设备及油垢清理情况并签认；检查行李车装车准备情况；出库前检查列车边门、厕所门锁闭情况。

库内车容整备时，旅客列车列车长要求分工明确，联劳协作；规章台账资料表报齐全完整；卫生达到列车等级标准，卧具整齐统一，备品定位隐蔽；车容全列一致，"两炉一灶"状态良好；开水充足。

（二）始发作业

1. 放客准备

放客准备要求旅客列车列车长与车站联系，了解有关事项；根据车站旅客放行时间，督促广播员通知乘务人员到岗到位；检查各车厢边门立岗、高站台安全渡板放置、警示带悬挂情况；

放客准备时，旅客列车列车长要求人员到岗到位，站立统一，活动顺号牌悬挂一致，渡板放置到位，警示带悬挂到位，立岗姿势端正规范。

2. 组织旅客上车

组织旅客上车要求旅客列车列车长按具体分工双班作业，组织引导旅客乘车，了解行包装车、交接情况；检查乘务员验票上车、查堵危险品、帮助重点旅客上车、组织旅客有序乘车情况；做好重点旅客的接待安排；妥善处理临时发生的问题。

组织旅客上车时，旅客列车列车长要求分工明确，职责落实，态度和蔼；重点旅客安排落实，验票认真，乘车秩序良好；行包交接清楚，处理突发问题及时妥当。

3. 站车交接

站车交接要求旅客列车列车长接受乘车人数通知单，接受站方传达的有关命令、指示、通知；办理客车上车签认工作；交接旅客上车中的其他事宜。

站车交接时，旅客列车列车长要求在列车中部办理交接，交接内容清楚，有记录、有签收。

（三）中途作业

1. 始发开车检查

始发开车检查要求旅客列车列车长检查各岗位作业标准的落实情况；召开"三乘"会议，与乘警长、检车长及时沟通情况，提出要求。

始发开车检查时，旅客列车列车长要求检查全面，沟通及时，发现问题，整改到位；乘务会议定期定时召开，内容具体，记录翔实。

2. 途中业务处理

途中业务处理要求旅客列车列车长接待安排重点旅客；核对卧铺使用情况，办理剩余卧铺；及时填写旅客列车密度表；列车到站，下车办理交接，上车时进行检查签认，联系站车交办事项；接待旅客来访，受理旅客投诉，签署旅客留言簿；组织查验车票，办理补票业务，处理有关事宜；按规定及时拍发电报或编制客运记录，移交旅客、物品及"危险品"；加强列车售货管理，劝阻、制止商贩随车叫卖；组织旅客及乘务餐开餐；遇首长及上级主管乘车或检查，做好接待及汇报工作。

途中业务处理时，旅客列车列车长要求重点旅客服务落实；剩余卧铺公开发售；密度表填写准确；站车交接及时，交接事项清楚，记录签收认真；接待旅客热情，解答询问耐心，处理问题稳妥，审批意见及时；按规定查验车票、清理卧铺；票据填写清楚正确；编制记录和拍发电报准确及时、内容简练、符合要求；餐车供应质价相符，保证重点，秩序良好；接待汇报得体大方、重点突出。

3. 巡视车厢

巡视车厢要求旅客列车列车长巡视检查各岗位作业标准、各项安全制度的落实情况及"二炉一灶一电"运用状况，并在列车巡视检查记录进行记载；检查各车厢乘务员仪容着装和文明服务情况；检查车容卫生、车厢秩序、开水供应情况；检查广播作业及行邮装载情况；检查餐车供应、商品供应、饭菜质量和价格情况；检查旅客密度、车内温度，组织均衡运输；检查交接班卫生及备品定位、资料填写、重点旅客交接情况。

巡视车厢时，旅客列车列车长要求巡视检查到位，记录填写真实；到站停车交接，问题处理及时；服务项目落实，重点照顾到位；均衡疏导旅客，行邮装载良好，车内秩序井然；上水站上水签认，开水供应充足；饭菜供应良好，商品销售正常；温度适宜，卫生随脏随扫；作业质量达标。

4. 卧铺管理

卧铺管理要求旅客列车列车长按规定安排宿营车铺位；按章办理卧铺；夜间卧车熄灯前核对卧铺；夜间巡视检查卧铺车列车员按规定值岗，有无闲杂人员乘坐。

卧铺管理时，旅客列车列车长要求宿营车定人定铺；核对卧铺准确；卧铺车列车员按规定值岗，午间、夜间停止会客。

（四）折返站作业

1. 到站准备

到站准备要求旅客列车列车长组织全体乘务人员按作业程序，做好卫生；审核票据，清点票款，签署旅客留言簿。

到站准备时，旅客列车列车长要求卫生达到无污水、无粪便，垃圾装袋扎口到站定点投放；账款相符、入柜及时。

2. 组织旅客下车

组织旅客下车要求旅客列车列车长双班作业，分工组织旅客下车；检查各车厢乘务员立岗、扶老携幼、组织旅客下车情况；巡视全列车厢，发现问题及时处理。组织旅客下车时，旅客列车列车长要求旅客下车有序，车门立岗整齐，扶老携幼落实，车厢巡视到位。

3. 站车交接

站车交接要求旅客列车列车长交办重点旅客；移交旅客遗失物品；交接有关旅客旅行其他事宜。

旅客列车列车长要求交接清楚，手续齐全。

4. 停留作业

停留作业要求旅客列车列车长督促餐车班做好返乘补料和饮食供应准备工作；组织乘务员与列车保洁人员办理交接，进行卫生鉴定；安排守车相关工作，组织乘务员到公寓休息；组织乘务员列队接车整备，按质量标准做好始发车容、备品整理；组织做好"三乘"联检工作，检查餐车设备及油垢清理情况并签认；召开会议，总结单程乘务工作，布置返乘工作要求。

停留作业时，旅客列车列车长要求车容整洁、备品定位、卫生达标；守车制度落实；工作布置清晰，重点突出；三乘联检落实有记录。

（五）终到退乘作业

终到退乘作业要求旅客列车列车长与接班组（守车组）列车长办理交接；与保洁领班进行签字交接；在指定地点集合列队，总结本趟乘务工作；向派班室（值班室）汇报乘务工作和提交乘务报告；按规定及时交款。

终到退乘作业时，旅客列车列车长要求交接认真有记录，总结全面具体，汇报及时，账款相符，台账填写准确，上报资料齐全。

实训设计

一、实训目的和要求

掌握列车长工作内容和服务礼仪。

二、实训内容

1. 在实训室或教室模拟某次列车的列车长服务场景。

2. 实训项目：

（1）动车组列车长工作内容和服务礼仪训练。

（2）旅客列车（动车组除外）列车长工作内容和服务礼仪训练。

三、实训评价

1. 学生评价。

2. 教师评价及评分。

子任务三　餐车服务

案例导入

明净的台桌、素雅的桌布、柔软的座席，整个餐车看上去就像家里的餐厅一样洋溢着温馨。从成都到昆明的四川旅客王小强，一进餐车就感受到了"家"的气息。

在春运期间，昆明铁路旅行服务公司积极打造"家庭式"餐车服务，让旅客在归途中能享受到更人性化的贴心服务。在春运开始之前，该公司就对全局管内餐车的设备进行更新，把原来容易发黄变色的餐桌台面换成了耐用美观的钢化玻璃，全新的台布和座套一一"上岗"，独具云南特色的孔雀窗帘也悄然地"飞"进了餐车，把餐车点缀得更具"云南的家味"。

同时，择优选派了10名餐车长、炊事员和服务员到昆明市的五星级酒店进行烹饪和服务培训，强化提高餐车人员的综合素质，为春运期间"家庭式"餐车服务打好基础。

针对春运期间客流量大的情况，该公司推出"家庭式"的套餐服务，精心准备了麻辣、酸辣、清淡等多种口味，并适时推出以面食和粥类为主的特色套餐，最大限度地满足沿途各地旅客的饮食习惯和需求。

知识储备

旅客餐饮服务是铁路旅客运输服务的重要组成部分，也是铁路与旅客沟通的重要纽带，旅客在旅途中的餐饮需求也是旅客最基本的需求之一。如今，各种旅客运输方式间的竞争重心已经由价格逐渐转变为服务之间的竞争，作为铁路来讲，更加要加强餐车服务及服务礼仪方面的规范和建设，做到"一切以旅客为中心，充分满足旅客需求"。

餐车一般编挂在长途旅客列车的卧铺车与硬座车之间，分为餐厅、厨房和储藏室三部分。餐车应有棉、麻台布，细瓷餐具，四味架，牙签盒，口纸杯，椅套，车窗有遮光帘和纱布，墙壁悬挂工艺字画。橱窗内的摆设应丰满、美观大方、讲求艺术。瓷餐具破损应及时更换。

随着科学技术的发展，我国铁路客运设备也在逐步现代化，在一些普速列车和动车组列车上，设置了适应不同档次需求的新型餐车吧台，供应多种饮料和食品。

铁路餐车要严格执行《中华人民共和国铁道行业标准》、《中华人民共和国食品安全法》、国家政策法令和饮食供应管理制度。餐车长要具有高中毕业（或同等学力）及以上文化程度，餐厅服务员四级及以上技能和客运相关知识技能。

一般来说餐车作业时有以下服务内容和礼仪要求：

一、接待礼仪

1. 到岗

在列车开餐前的规定时间内，餐车服务员各自做好准备工作，在分管的岗位上等候开餐，迎接旅客。餐车多是站立式服务，在站岗时要注意姿势。

2. 迎客

旅客进入餐车时，餐车服务员要主动地热情问候，如"您好""欢迎您来用餐"等，并问清就餐人数，做到表情自然、和蔼可亲。由于餐车空间狭窄，用餐量大并且用餐时间集中，确实非常忙，每位员工都忙忙碌碌，应接不暇，但不可以此为不问候的理由。

3. 接物

帮助旅客脱外衣、拿雨伞和包裹时，一定要先征得旅客的同意，并把这些东西放在合适的地方，假如旅客认为不行或不习惯别人帮助接物，就不必拘泥于制定的规则礼仪。

餐车服务员把旅客引到餐桌边，帮助其入座。事先将多余的餐具和椅子拿走或补充不足的餐具，这会给旅客留下这是为他们特意准备的印象。

4. 点菜

旅客坐下后，应将菜单送上并征求点菜。旅客点菜时，餐车服务员应站在旅客一侧，与其保持一定距离，腰部稍微弯下一点，手持菜簿，认真倾听旅客选定的菜点名称，并伺机向旅客介绍餐车菜点。如点的菜已暂时售完，应立即向旅客表示歉意，并婉转地向旅客建议其他类似的菜肴。如有些烹制时间较长，应向旅客说明原因。服务员要做到神情专注，有问必答，百问不烦，主动推销。

当旅客点完菜后，要将记录下的菜点复述核对一遍，如准确无误，将菜单一联送到厨房备餐，一联送收款员算账。

5. 上菜

餐车上餐具、上饭菜、撤餐具要托盘化。上菜时应报菜名，服务动作不要过大，不准探身过远、隔人递送物品，动作要轻、稳、准、快，手指切忌触摸碗口、碟口的上边，也不能碰及菜肴。

二、餐饮提供

1. 开餐前准备

开餐前，餐车长要向列车长了解重点旅客及客流情况，检查各部位开餐前的准备情况，检查后厨各部位加工、准备和炉灶使用情况，根据供应品种准备餐券，提供菜谱，送广播室做好餐宣传，分配服务员的工作。

餐车人员要做好重点旅客开餐准备，开餐用品准备充分。餐茶具洗净、消毒完好，菜净、匀热，菜谱设计美观，明码标价，合理安排好各项开餐前的准备工作。

2. 开餐中作业

开餐中，餐车长要做好开餐组织，介绍品种，出售餐券，唱收唱付；随时检查饭菜质量和服务标准；做好重点旅客服务；坚持"三托"服务（托盘上餐具、上饭菜、撤餐具）；安排好各项工作。

餐车人员要做到文明礼貌、态度和蔼，开餐秩序良好；饭菜达到"三热"（饭、菜、汤）、"四好"（色、香、味、型）；服务规范、主动热情；台面清理及时；重点接待食品留样6小时；乘务餐饭热菜香、口味好；按规定经营，质价相符，服务周到。

3. 餐后作业

开餐后，餐车长要根据服务员销售收取快餐款，开具单据，由服务员签认，交后厨销账；做好"三核对"（售出餐券与进款核对，餐券与后厨付出数核对，进款与自制品、商品售出数核对）；及时填写台账及有关报表；检查各岗位卫生整理情况。

餐车人员要做到餐清账结，账款相符，手续清楚；核对正确，计算无误；进款及时，保险柜加锁；台账及报表填写清楚、准确；卫生整洁，备品定位，餐、茶具消毒入柜。

三、餐车安全

（一）食品安全问题

食品安全指提供的食品在营养、卫生方面满足和保障人群的健康需要，主要食品质量问题涉及食物是否污染、是否有毒，添加剂是否违规超标，标签是否规范等问题。铁路需要采取措施，预防食品污染，确保旅客健康。

餐车经营者的活动应当符合食品安全法律法规和铁路运营安全管理要求，建立食品安全管理制度，不得从事禁止生产经营食品的经营活动。

铁路餐车使用餐料应当保持清洁，即时加工，隔餐食品必须冷藏。站车内供应的自制食品应当实行检测备案制度。专供旅客列车的配送食品应当符合保质时间和温度控制等食品安全要求。

铁路进行食品运输的车辆应当安全无害，保持清洁，标有清洗合格标识，防止食品污染。禁止承运不符合食品安全标准的食品，禁止食品与有毒有害物品混放、混装、混运。食品运输经营者发现可能受污染的食品，应当及时采取控制措施，并及时报告铁路食品安全监督机构。

铁路食品安全监督机构应当制定食品安全事故应急预案，做好食品安全事故的应急处置工作。在日常监督管理中发现食品安全事故，或者接到有关食品安全事故的举报、报告，应当立即核实情况，经初步核实为食品安全事故的，要及时做出反应，采取措施控制事态发展，依法处置，并及时按照有关规定报告国务院铁路主管部门和通报地方卫生行政部门。

餐车应当制定食品安全事故处置方案，定期检查各项食品安全防范措施的落实情况。发生食品安全事故时，应当立即封存导致或者可能导致食品安全事故的食品及其原料、工具及用具、设备设施，在 2 小时内向铁路食品安全监督机构报告并按照要求采取控制措施，配合事故调查处理，提供相关资料和样品。

（二）其他安全问题

1. 行走安全

由于餐车比较狭窄，餐车人员在餐车内行走时要靠右走，不要奔跑、鲁莽，以免在转弯角上碰撞弄伤。进出门要放慢速度，留心对面是否有人和物。严禁工作时打闹开玩笑。由于列车的晃动，餐车服务员走路时脚步要稳、轻、灵、巧，步幅不宜大。服饰整洁得体，头发梳理平整，指甲修剪整洁，语言礼貌和气，精神饱满，步态轻盈，躲闪灵活，手脚利落，观察仔细，及时了解旅客需要，提供满意的服务。

2. 设备安全

使用设备要细心，发现有缺损的设备应及时向有关人员报告，以便及时修理。使用设备，要切实遵守操作规程和安全守则。

3. 用火安全

餐车最大的危险是火灾，不管是旧式餐车还是新式餐车，都应注意防火。餐车排烟罩应及时清理。列车运行中严禁大量油炸食品，小量过油时，油量不超过容器的三分之一。餐车存在火灾的潜在威胁，如烟头、厨房的燃料管道、煤气库、锅炉房、电线等；餐车服务员一定要高度重视和预防火灾，提高警惕，保护生命财产安全。

4. 避免烫伤

餐车内的某些设备和用具可造成严重的烫伤，像烫的盘子和碗，如不注意就会烫伤手指和周围的人员，还可能烫伤旅客，刚烧好的汤是一个潜在的烫伤源。

服务时不要跑动、蹦跳，特别是送热的流体时要小心翼翼，在穿过一个拥挤的餐车时，更要加倍小心。一旦发生烫伤，应该立即做医疗处理。

5. 防止噎塞意外

在餐车中，食物噎塞是造成意外性死亡的一个原因，如果不采取急救措施，噎塞者将在 4 分钟之内死亡。一般情况下，噎塞者会依次出现下列现象：惊慌失措、不能呼吸、不能说话、颓然倒下。

（三）事故安全报告

当意外事件平息后，应立即写出有关事故的详细报告，如事故的位置、程度和上网情况等，及时向相关部门汇报。

实训设计

一、实训目的和要求

掌握餐车工作内容服务礼仪和餐车安全。

二、实训内容

1. 在实验室或教室模拟某次列车的餐车服务场景。
2. 实训项目：

（1）餐车接待的服务礼仪训练。

（2）餐车提供作业和礼仪训练。

（3）餐车安全作业和应急处理训练。

三、实训评价

1. 学生评价。
2. 教师评价。

附件

动车组列车服务质量规范

1. 适用范围

本规范对中国铁路总公司所属铁路运输企业的动车组列车旅客运输服务提出了质量要求。

2. 术语和定义

2.1 动车组列车：指由若干带动力和不带动力的车辆以固定编组组成、两端设有司机室的一组列车。

2.2 重点旅客：指老、幼、病、残、孕旅客。特殊重点旅客是指依靠辅助器具才能行动等需特殊照顾的重点旅客。

3. 安全秩序

3.1 防火防爆、人身安全、食品安全、现金票据、结合部等安全管理制度健全有效。

3.2 出、入动车所前，由车辆、客运人员对上部服务设施状态进行检查，办理一次性交接；运行途中，发现上部服务设施故障时，客运乘务人员立即向列车长报告，并通知随车机械师共同确认、处理。

3.3 各车厢灭火器、紧急制动阀（手柄或按钮）、烟雾报警器、应急照明灯、防火隔断门、紧急门锁、紧急破窗锤、气密窗、厕所紧急呼叫按钮及车门防护网（带）、应急梯、紧急用渡板、应急灯（手电筒）、扩音器等安全设施设备配置齐全，作用良好，定位放置。乘务人员知位置、知性能、会使用。

3.4 安全使用电源，正确使用电器设备。电器元件安装牢固，接线及插座无松动，按钮开关、指示灯作用良好；不乱接电源和增加电器设备，不超过允许负载。配电室（箱）、电气控制柜锁闭，无堆放物品。不用水冲刷车内地板、连接处和车内电器设备。

3.5 餐车配置的微波炉、电烤箱、咖啡机等厨房电器符合规定数量、规格和额定功率，规范使用，使用中不离开操作区域，用后及时断电、清洁。

3.6 执行车门管理制度。

3.6.1 列车到站停稳后，司机或随车机械师开启车门，并监控车门开启状态。开车前，列车长（重联时为运行方向前组列车长）确认站方开车铃声结束、旅客乘降、高铁快件和餐车物品装卸完毕后，通知司机或随车机械师关闭车门。

3.6.2 CRH5型动车组列车停靠低站台时，到站前乘务人员提前锁闭辅助板指示锁并打开翻板，开车后及时将翻板及辅助板指示锁复位。

3.6.3 餐车上货门仅供餐车售货人员补充商品、餐料时使用，无旅客乘降。

3.6.4 列车运行中，车门、气密窗锁闭状态良好。定期巡视，保持通道畅通。发现车门未锁闭或锁闭状态不良时，指派专人看守，并及时通知随车机械师处理。

3.7 安全标志设置齐全、规范，符合标准。采用广播、视频、图形标志、服务指南等方式，宣传安全常识和车辆设备设施的使用方法，提示旅客遵守安全乘车规定。

3.8 运行中做好安全宣传和防范，车内秩序、环境良好，无闲杂人员随车叫卖、拣拾、讨要。发现可能损坏车辆设施和影响安全、文明的行为及时制止。

3.9 全列各处所禁止吸烟，加强禁烟宣传，发现吸烟行为及时劝阻，并由公安机关依法查处。

3.10 行李架、大件行李存放处物品摆放平稳、牢固、整齐。大件行李放在大件行李存放处，不占用席（铺）位，不堵塞通道。锐器、易碎品、杆状物品及重物等放在座（铺）位下面或大件行李存放处。衣帽钩限挂衣帽、服饰等轻质物品。使用小桌板不超过承重范围。

3.11 发现旅客携带品可疑及无人认领的物品时，配备乘警的列车通知乘警到场处理；未配备乘警的列车由列车长处理，对危险品做好登记、保管及现场处置，并交前方停车站（公安部门）处理。

3.12 发现行为、神情异常旅客时，重点关注，配备乘警的列车通知乘警到场处理；未配备乘警的列车由列车长处理，情形严重时交列车运行前方停车站处理。

3.13 发生旅客伤病时，提供协助，通过广播寻求医护人员帮助；情形严重的，报告客调。

3.14 乘务人员进出车站和动车所（客技站）时走指定通道，通过线路时走天桥、人行地道，走平交道时做到"一停二看三通过"，不横越线路，不钻车底，不跨越车钩，不与运行中的机车车辆抢行。进出车站时集体列队。

3.15 乘务人员在接班前充分休息，保持精力充沛，不在班前、班中、折返站饮酒。

4. 设备设施

4.1 车辆设备设施齐全，符合动车组出所质量标准。

4.1.1 乘务员室、监控室、多功能室、洗脸间、厕所、电气控制柜、备品柜、储藏柜、清洁柜、衣帽柜、大件行李存放处、软卧会客室等不挪作他用或改变用途。多功能室用于照顾重点旅客。

4.1.2 车辆外观整洁，内外部油漆无剥落、褪色、流坠；车内顶棚不漏水，内外墙板及车内地板无破损、无塌陷、不鼓泡；渡板及各部位压条、压板、螺栓不松动、无翘起；脚蹬安装牢固，无腐蚀破损；手把杆无破损、松动。各部位金属部件无锈蚀。

4.1.3 广播、空调、电茶炉、饮水机、照明灯具、电子显示屏、电视机、车载视频监控终端、控制面板、电源插座、车门、端门、儿童票标高线、地板、车窗、翻板、站台补偿器、窗帘、座椅、脚蹬、小桌板、靠背网兜、茶桌、座席号牌、衣帽钩、行李架、垃圾箱、洗手盆、水龙头、梳妆台、面镜、便器、洗手液盒、一次性坐便垫盒、卫生纸盒、擦手纸盒、婴儿护理台、镜框、洗脸间门帘、干手器、商务座车小吧台、呼唤应答器、阅读灯、软卧车铺位号牌、包房号牌、卧铺栏杆、扶手、呼叫按钮、沙发、报刊栏、餐车侧门、餐桌、吧台、冰箱、展示柜、微波炉、电烤箱、售货车等服务设备设施齐全，作用良好，正常使用，外观整洁，故障、破损及时修复。

4.1.4 车厢通过台外端门框旁设儿童票标高线。儿童票标高线宽10 mm、长100 mm，距地板面分别为1.2 m和1.5 m，以上缘为限，距内端门框约100 mm。

4.2 车内各种服务图形标志型号一致，位置统一，安装牢固，齐全醒目，符合规定。

4.3 车厢外部的电子显示屏显示列车运行区间、车次、车厢序号等信息，车内电子显示屏显示列车运行区间、车次、车厢序号、停站、运行速度、温度、中国铁路客户服务中心客户服务电话（区号+电话号码）、安全提示等信息，显示及时、准确。

5. 服务备品

5.1 服务备品、材料等符合国家环保规定，质量符合要求，色调与车内环境相协调。

5.2 服务备品齐全，干净整洁，定位摆放。布制、易耗备品备用充足，保证使用。布制备品按附录规定的时间使用和换洗，有启用时间（年、月）标志。

5.2.1 软卧车（含高级软卧车）
——包房内有被套、被芯、枕套、枕芯、床单、垫毯、卧铺套、靠背套、茶几布、一次性拖鞋、衣架、不锈钢果皮盘、带盖垃圾桶、热水瓶、积水盘、面巾纸盒及服务指南、免费读物。
——备有托盘、热水瓶和一次性硬质塑料水杯。

5.2.2 软卧代座车
——包房内有卧铺套、靠背套、不锈钢果皮盘。
——包房门框上原铺位号牌处有座席号牌。
——备有热水瓶和一次性硬质塑料水杯。

5.2.3 商务座车
——提供小毛巾，就餐时提供餐巾纸、牙签。
——有耳塞、靠垫、鞋套、一次性拖鞋、清洁袋和专项服务项目单、服务指南、免费读物。
——备有防寒毯、耳机、眼罩、托盘、热水瓶和一次性硬质塑料水杯。

5.2.4 特、一、二等座车
——有清洁袋、免费读物和服务指南，放置在座椅靠背袋内或其他指定位置。
——有座椅套、头枕片；特、一等座车座椅有头枕。
——电茶炉配有纸杯架的，有一次性纸杯。
——乘务组备有热水瓶、耳塞和一次性硬质塑料水杯。

5.2.5 餐车
——有座椅套。
——有售货车、托盘、热水瓶、一次性硬质塑料水杯。
——备有餐巾纸、牙签。

5.2.6 洗脸间有洗手液、擦手纸（或干手器）。

5.2.7 厕所内有芳香盒和水溶性好的卫生纸、擦手纸，坐便器有一次性坐便垫圈，小便池内放置芳香球。

5.3 贴身卧具（被套、床单、枕套）和头枕片干燥、清洁、平整，无污渍、无破损，已使用与未使用的折叠整齐，分别装袋保管。卧具袋防水、耐磨、干净、无破损。贴身卧具与其他布质备品分类洗涤；洗涤、存储、装运及更换不落地、无污染。

5.4 卧车垫毯、被芯、枕芯等非贴身卧具备品干燥、清洁，无污渍、无破损，定期晾晒。被芯、枕芯先加装包裹套，再使用被套、枕套。包裹套定期清洗，保持干燥整洁。

5.5 布制备品定位存放在储物（藏）柜内。无储物（藏）柜或储物（藏）柜容量不足的，软卧车定位放置在3、7、11号卧铺下。

5.6 有厕所专用清扫工具，与车内清扫工具分开定位存放在清洁柜内；无清洁柜的定位隐蔽存放。商务座、特等座、一等座车厢不存放清洁工具。清扫工具、清洁剂材质符合规定。

5.7 清洁袋质地、规格符合规定，具有防水、承重性能。

5.8 每标准编组车底配备2辆垃圾小推车，垃圾小推车、垃圾箱（桶）内用垃圾袋，垃圾袋符合国家标准，印有使用单位标志，与垃圾箱（桶）规格匹配，厚度不小于0.025 mm。

5.9 列车配有票剪、补票机、站车客运信息无线交互系统手持终端和GSM－R通信设备；乘务人员配置手持电台。设备电量充足，作用良好。站车客运信息无线交互系统手持终端在始发前登录，途中及时更新信息。

6. 整备

6.1 出库标准

6.1.1 车厢内外各部位整洁，窗明几净，四壁无尘，物见本色。

6.1.1.1 外车皮、站台补偿器内外、窗门框及玻璃、扶手干净、无污渍。

6.1.1.2 天花板（顶棚）、板壁、边角、地板、连接处、灯罩、座椅

（铺位）、空调口、通风口、电茶炉、靠背袋网兜内等部位清洁卫生，无尘无垢无杂物。

6.1.1.3 热水瓶、果皮盘、垃圾箱（桶）、洗脸间内外洁净。

6.1.1.4 餐车橱、柜、箱干净无异味，分类标志清晰，商品、餐、饮品和备品等分类定位放置。

6.1.1.5 厕所无积便、积垢、异味，地面干净无杂物。污物箱内污物排尽。

6.1.2 深度保洁结合检修计划安排在白天作业，范围包括车厢天花板、板壁、遮阳板（窗帘）、灯罩、连接处、车梯、商务座椅表面、座椅（铺位）缝隙、座椅扶手及旋转器卡槽、小桌板脚踏板、暖气罩缝隙、洗手液盒、车厢边角，以及电茶炉、饮水机内部。

6.1.3 布制品、消耗品和保洁工具等服务备品配备齐全，定位放置，定型统一。

6.1.3.1 卧具叠放整齐，摆放统一，床单、头枕片、座席套、茶几布等铺设平整，干净整洁。

6.1.3.2 清洁袋、洗手液、卫生纸、擦手纸、一次性坐便垫圈、服务指南、免费读物、商务座专项服务等备品补足配齐，定位放置。服务指南中含有旅行须知、乘车安全须知、本车型的设备设施介绍、主要停靠站公交信息、客运服务质量标准摘要及本趟列车销售的商品价目表、菜单。

6.1.3.3 垃圾小推车等保洁工具及售货车等备品定位放置，不影响旅客使用空间。

6.1.4 可旋转式座椅转向列车运行方向。

6.1.5 定期进行"消、杀、灭"，蚊、蝇、蟑螂等病媒昆虫指数及鼠密度符合国家规定。

6.2 途中标准

6.2.1 使用垃圾小推车和专用工具适时保洁，保持整洁卫生。旅客下车后及时恢复车容。

6.2.1.1 各处所地面墩扫及时，干燥、干净；台面、桌面、面镜擦抹及时，干净、无水渍。

6.2.1.2 洗脸（手）池、电茶炉沥水盘清理、擦抹及时，无污渍，无残渣，无堵塞，无积水；垃圾车、垃圾箱（桶）、清洁袋、靠背袋网兜、果皮盘清理及时，无残渣；厕所畅通无污物，无异味，按规定吸污。

6.2.1.3 餐车餐桌、吧台、工作台、微波炉及各橱、箱、柜内保持洁净。

6.2.2 清洁袋、洗手液、卫生纸、擦手纸、一次性坐便垫圈等备品补充及时；卧具污染更换及时。

6.2.3 垃圾装袋、封口、无渗漏，定位放置，在指定站定点投放；不向车外扫倒垃圾、抛扔杂物。

6.3 终到标准

终到站时车内无垃圾、污水、粪便、异味。垃圾装袋、封口、无渗漏，到站定点投放。

6.4 到站立即折返标准

6.4.1 站台侧车外皮、门框、车窗干净，无污物、无积尘。

6.4.2 车内地面清洁，行李架、大件行李存放处、扶手及座椅（铺位）、窗台上和靠背网兜内干净整洁；垃圾箱（桶）内无垃圾、无异味。

6.4.3 热水瓶、果皮盘内外洁净，垃圾箱（桶）、洗脸间四周洁净。

6.4.4 餐车橱、柜、箱干净无异味，分类标志清晰，商品、餐、饮品和备品等分类定位放置。

6.4.5 洗脸间、厕所面镜洁净，洗脸（手）池、便器无污物、无异味。电茶炉沥水盘洁净。

6.4.6 布制品、消耗品和保洁工具等服务备品配备齐全，定位放置，定型统一。

6.4.6.1 卧具叠放整齐，摆放统一，床单、头枕片、座席套、茶几布等铺设平整，干净整洁。

6.4.6.2 清洁袋、洗手液、卫生纸、擦手纸、一次性坐便垫圈、服务指南、免费读物、商务座专项服务等备品补足配齐，定位放置。

6.4.6.3　保洁工具、售货车等备品定位放置，不影响旅客使用空间。

6.4.7　可旋转式座椅转向列车运行方向。

7. 文明服务

7.1　仪容整洁，着装统一，整齐规范。

7.1.1　头发干净整齐、颜色自然，不理奇异发型、不剃光头。男性两侧鬓角不得超过耳垂底部，后部不长于衬衣领，不遮盖眉毛、耳朵，不烫发，不留胡须；女性发不过肩，刘海长不遮眉，短发不短于两寸。

7.1.2　面部、双手保持清洁，身体外露部位无文身。指甲修剪整齐，长度不超过指尖 2 mm，不染彩色指甲。

7.1.3　女性淡妆上岗，唇线与口红的颜色一致；眉毛修剪整齐，眉笔和眼线为黑色或深棕色；眼影的颜色与制服一致；使用清香、淡雅型香水。工作中保持妆容美观，端庄大方。补妆及时，在洗手间或乘务间进行。不浓妆艳抹。

7.1.4　换装统一，衣扣拉链整齐。着裙装时，丝袜统一，无破损。系领带时，衬衣束在裙子或裤子内。外露的皮带为黑色。佩戴的外露饰物款式简洁，限手表一只、戒指一枚，女性还可佩戴发夹、发箍或头花及一副直径不超过 3 mm 的耳钉。不歪戴帽子，不挽袖子和卷裤脚，不敞胸露怀，不赤足穿鞋，不穿尖头鞋、拖鞋、露趾鞋，鞋跟高度不超过 3.5 cm，跟径不小于 3.5 cm。

7.1.5　佩戴职务标志，胸章牌（长方形职务标志）戴于左胸口袋上方正中，下边沿距口袋 1 cm 处（无口袋的戴于相应位置），包含单位、姓名、职务、工号等内容。菱形臂章佩戴在上衣左袖肩下四指处。按规定应佩戴制帽的工作人员，在执行职务时戴上制帽，帽徽在制帽折沿上方正中。除列车长外，其他客运乘务人员在车厢内作业时可不戴制帽。

7.1.6　餐车加热、供应餐食时，服务人员戴口罩、手套；女性穿围裙。

7.2　表情自然，态度和蔼，用语文明，举止得体，庄重大方。

7.2.1　使用普通话，表达准确，口齿清晰。服务语言表达规范、准确，使用"请、您好、谢谢、对不起、再见"等服务用语。对旅客、货主称呼恰当，统称为"旅客们""各位旅客""旅客朋友"，单独称为"先生、女士、小朋友、同志"等。

7.2.2 旅客问讯时，面向旅客站立（工作人员办理业务时除外），目视旅客，有问必答，回答准确，解释耐心。遇有失误时，向旅客表示歉意。对旅客的配合与支持，表示感谢。

7.2.3 坐立、行走姿态端正，步伐适中，轻重适宜。在旅客多的地方，先示意后通行；与旅客走对面时，要主动侧身面向旅客让行，不与旅客抢行。列队出（退）勤（乘）时，按规定线路行走，步伐一致，箱（包）在同一侧。

7.2.4 立岗姿势规范，精神饱满。站立时，挺胸收腹，两肩平衡，身体自然挺直，双臂自然下垂，手指并拢贴于裤线上，脚跟靠拢，脚尖略向外张呈"V"字形。女性可双手四指并拢，交叉相握，右手叠放在左手之上，自然垂于腹前；左脚靠在右脚内侧，夹角为45°呈"丁"字形。

7.2.5 列车进出站时，在车门口立岗，面向站台致注目礼，以列车进入站台开始，开出站台为止。办理交接时行举手礼，右手五指并拢平展，向内上方举手至帽檐右侧边沿，小臂形成45°。

7.2.6 清理卫生时，清扫工具不触碰旅客及携带物品。挪动旅客物品时，征得旅客同意。需要踩踏座席、铺位时，带鞋套或使用垫布。占用洗脸间洗漱时，礼让旅客。清洁厕所时，作业人员戴保洁专用手套。

7.2.7 夜间作业、行走、交谈、开关门要轻。进包房先敲门，离开时应倒退出包房。

7.2.8 不高声喧哗、嬉笑打闹、勾肩搭背，不在旅客面前吃食物、吸烟、剔牙齿和出现其他不文明、不礼貌的动作，不对旅客评头论足，接班前和工作中不食用异味食品。餐车对旅客供餐时，不在餐车逗留、闲谈、占用座席、陪客人就餐。

7.2.9 客运乘务人员进出车厢时，面向旅客鞠躬致谢。

7.3 温度适宜，环境舒适。

7.3.1 通风系统作用良好，车内空气清新，质量符合国家标准。始发前对车厢进行预冷、预热，车内温度保持冬季18℃～20℃，夏季26℃～28℃。

7.3.2 车内照明符合规定。夜间运行时，座车关闭半夜灯；始发、终到站和客流量大的停站，以及列车途经地区与北京时间存在时差时自行调整。

7.3.3 广播视频。

7.3.3.1 广播常播内容录音化。使用普通话。经停少数民族自治地区车站的列车可根据需要增加当地通用的民族语言播音。过港列车可增加粤语播音。直通列车可增加英语播报客运作业信息。

7.3.3.2 广播语音清晰，音量适宜，用语准确，不干扰旅客正常休息。自动广播系统播报正确。

7.3.3.3 视频系统性能良好，使用正常，始发前开启系统播放节目，播放内容符合规定并定期更新。

7.3.3.4 广播、视频内容以方便旅行生活为主，介绍宣传安全常识和车辆设备设施的使用方法，提示旅客遵守安全乘车规定，播报前方停站、到站信息等内容，适当插播文艺娱乐、文明礼仪、沿线风光、民俗风情、餐食供应、广告等节目。

7.4 用水供应。

7.4.1 饮用水保证供应，途中上水站按规定上水。使用饮水机的备有足量桶装水。

7.4.2 列车始发后为旅客送开水，途中有补水服务；售货车配热水瓶，利用售货时为有需求的旅客提供补水服务。

7.5 运行途中，厕所吸污时或未供电时锁闭厕所，其他时间不锁厕所。厕所锁闭时，为特殊情况急需使用厕所的旅客提供方便。

7.6 公共区域的电源插座保证符合标示范围的旅行必需的小型电器正常使用。

7.7 通过图形符号、电子显示、广播、视频、服务指南等方式宣传旅客运输服务信息及客运服务质量标准摘要，引导旅客自助服务。

7.8 卧具终点站收取，贴身卧具一客一换。到站前提醒卧车旅客做好下车准备，不干扰其他旅客。夜间运行，卧车乘务员在边凳值岗，并定时巡视车厢。始发后和夜间客运乘务人员对卧车核对铺位。列车剩余铺位在列车办公席或指定位置公开发售，公布手续费收费标准。

7.9 发现旅客遗失物品妥善保管，设法归还失主，无法归还时编制客运记录交站处理。无法判明旅客下车站时交列车终到站处理。

7.10 根据旅客乘坐列车等级和席别提供相应服务。

7.10.1 商务座车配有专职人员，主动介绍专项服务项目，提供饮品、餐食、小食品、小毛巾、耳塞等服务。

——饮品有茶水、饮料，品种不少于6种，茶水全程供应。

——逢供餐时间的，免费供应餐食。供餐时间为：早餐8:00以前，正餐11:30—13:00、17:30—19:00。

——正餐以冷链为主，配用速溶汤，分量适中，可另行配备面点、菜品、佐餐料包等。品种不少于3种，配有清真餐食，定期调整。

——选用非油炸类点心、蜜饯类、坚果类等无壳、无核、无皮、无骨的休闲小食品，品种不少于6种，独立小包装。

7.10.2 "G"字头跨局动车组特、一等座车提供饮品、小食品等服务，全程提供送水服务。

7.11 全面服务，重点照顾。

7.11.1 无需求无干扰。通过广播、电子显示屏等方式宣传服务设备的使用方法，方便旅客自助服务。

7.11.1.1 有需求有服务。在各车厢电子显示屏公布中国铁路客户服务中心客户服务电话（区号+电话号码）。实行首问首诉负责制。受理旅客咨询、求助、投诉，及时回应，热情处置，有问必答，回答准确；对旅客提出的问题不能解决时，指引到相应岗位，并做好耐心解释。

7.11.2 重点关注，优先照顾，保障重点旅客服务。

7.11.2.1 按规范设置无障碍厕所、座椅、专用座席等设施设备，作用良好。

7.11.2.2　对重点旅客做到"三知三有"（知座席、知到站、知困难、有登记、有服务、有交接）；为有需求的特殊重点旅客联系到站提供担架、轮椅等辅助器具，及时办理站车交接。

7.11.3　尊重民族习俗和宗教信仰。经停少数民族自治地区车站的列车可按规定在图形标志增加当地通用的民族语言文字，可根据需要增加当地通用的民族语言播音。

8. 应急处置

8.1　火灾爆炸、重大疫情、食物中毒、空调失效、设备故障和列车大面积晚点、停运、变更径路、启用热备车底等非正常情况下的应急处置预案健全有效，预案内容分工明确，流程清晰。日常组织培训，定期组织演练，培训演练有记录、有结果、有考核。

8.2　配备照明灯、扩音器等应急物品，电量充足，性能良好。灾害多发季节增备餐料、易于保质的食品、饮用水和应急药品，单独存放。

8.3　遇火灾爆炸、重大疫情、食物中毒、空调失效、设备故障和列车大面积晚点、停运、变更径路、启用热备车底等非正常情况时，及时启动应急预案，掌握车内旅客人数及到站情况，维持车内秩序，准确通报信息，做好咨询、解释、安抚、生活保障等善后工作。

8.3.1　列车晚点15分钟以上时，列车长根据调度、本段派班室（值班室）或车站的通报，向旅客公告列车晚点信息，说明晚点原因、晚点时间。广播每次间隔不超过30分钟，可利用电子显示屏实时显示。

8.3.2　遇列车空调故障时，有条件的，将旅客疏散到空调良好的车厢；需开启车门通风的，在车门安装防护网，有专人防护。在停车站，开启站台一侧车门；在途中，开启运行方向左侧车门。运行途中劝阻旅客不在连接处停留，临时停车严禁旅客下车。在站停车须组织旅客下车时，站车共同组织。按规定做好旅客到站退还票价差额时的站车交接。

8.3.3　热备车底的乘务人员、随车备品和服务用品同步配置到位。遇启用热备车底时，做好宣传解释，配合车站共同组织旅客换乘其他列车，或者按照车站通报的席位调整计划组织旅客调整席位，按规定做好站车交接。

8.3.4 遇变更径路时，做好宣传解释，组织不同径路的旅客下车，按规定做好站车交接。

8.3.5 车门故障无法自动开启时，手动开启车门，并通知随车机械师处理；无法关闭时，由专人看守并通知随车机械师处理。使用车门紧急解锁拉手后，及时复位。

8.3.6 发生烟火报警时，随车机械师、列车长和乘警根据司机通知立即到报警车厢查实确认，查看指定车厢的客室、卫生间，随车机械师重点查看电气设备。若发生客室或设备火情，列车长或随车机械师立即通知司机按规定实施制动停车，并启动应急预案进行处理；若确认因吸烟等非火情导致烟火报警时，由随车机械师做好恢复处理，乘警依法调查，并向旅客通告。

8.3.7 发生人身伤害或突发疾病时，积极采取救助措施，按规定办理站车交接，客运乘务员不下车参与处理。必要时可请求在前方所在地有医疗条件的车站临时停车处理。

9. 列车经营

9.1 餐饮经营

9.1.1 餐饮经营符合有关审批、安全规定，证照齐全有效。食品经营单位的食品安全管理制度健全。

9.1.2 餐车销售的饮食品符合国家有关规定。销售的商品质价相符，明码标价，一货一签，价签有"CRH"标志，提供发票。餐车、车厢明显位置、售货车、服务指南内有商品价目表和菜单，无变相卖座和只收费不服务。

9.1.3 餐车整洁美观，展示柜布置艺术，与就餐环境相协调；厨房保持清洁，各种用具定位摆放。商品、售货车等不堵通道，不占用旅客使用空间。售货车内外清洁，定位放置，有制动装置和防撞胶条。

9.1.4 商品柜、冰箱、吧台、橱柜不随意放置私人物品（乘务员随乘携带的餐食等定位存放）。餐食、商品在餐车储藏柜、冰箱内定位放置，不占用旅客使用空间。

9.1.5 餐车配置的微波炉、电烤箱、咖啡机等厨房电器符合规定数量、规格和额定功率，保持洁净。

9.1.6 经营行为规范，文明售货，不捆绑销售商品。非专职售货人员不从事商品销售等经营活动。餐车实行不间断营业，并提供订、送餐服务。销售人员不在车内高声叫卖，频繁穿梭，销售过程中主动避让旅客。夜间运行时，不得进入卧车销售，座车可根据情况适当延长或提前销售时间，但不得超过1小时。

9.1.7 供应品种多样，有高、中、低不同价位的预包装饮用水、盒饭等旅行饮食品，2元预包装饮用水和15元盒饭不断供。尊重外籍旅客和少数民族的饮食习惯。盒饭以冷链为主，热链为辅，常温链仅做应急备用，有清真餐食。

9.1.8 餐饮品、商品有检验、签收制度，采购、包装、贮存、加工、运输、销售符合食品卫生安全要求。

9.1.9 不出售无生产单位、生产日期、保质期和过期、变质，以及口香糖、方便面等严重影响列车环境卫生的食品。超过保质期限的食品单独存放、回收销毁。

9.1.10 一次性餐饮茶具符合国家卫生及环保要求。

9.2 广告经营规范。广告发布的内容、形式、位置等符合有关规范，布局合理，安装牢固，内容健康，与列车环境协调，不挤占铁路图形标志、业务揭示、安全宣传等客运服务内容或位置，不影响安全和服务功能，不损伤车辆设备设施。

10. 高铁快件

10.1 高铁快件集装件按装载方案指定位置码放；码放在车厢内最后一排座椅后的空档处时，不影响座椅后倾，高度不超过座椅；需中途换向的列车，不使用最后一排座椅后的空档处。利用高铁确认列车运输时，可使用纸箱、集装袋等集装容器；集装件可码放在大件行李处、通过台、车厢过道及座椅间隔处等位置，但不码放在座椅上；单节车厢装载的集装件总重量不超过列车允许载重量（二等座车厢标记定员乘以80千克）。

10.2 列车乘务人员在运行途中巡视、检查高铁快件集装件码放、外包装、施封等状况。发现高铁快件集装件短少或外包装、施封破损立即报告列车长。短少的，列车长确认后，组织查找，上报运行所在局客调；破损的，会同乘警或其他列车乘务人员共同检查，并拍照留存（含可视的内装高铁快件）。开具客运记录，并通知到站。

10.3 遇列车故障途中需更换车底时，列车长报告高铁快件装载情况。在车站换乘更换乘务组的，救援车乘务组确认集装件换车情况，并办理交接。在区间换乘的，集装件不换至救援车。故障车乘务组随故障车返回的，由故障车乘务组负责途中看管，与动车所所在地高铁车站办理交接。故障车乘务组随救援车继续担当乘务的，铁路局安排专人与乘务组办理集装件交接。

11. 人员素质

11.1 身体健康，五官端正，持有效健康证明。

11.2 具备高中（职高、中专）及以上文化程度，保洁人员可适当调整。

11.3 持有效上岗证，经过岗前安全、技术业务培训合格。从事餐饮服务的人员有卫生知识培训合格证明。广播员有一定编写水平，经过广播业务、技术培训合格。

11.4 列车长从事列车乘务工作满2年。列车值班员从事列车乘务工作满1年。列车长、商务座、软卧列车员能够使用简单英语。

11.5 熟练使用本岗位相关设备设施，熟知本岗位业务知识和职责，掌握列车沿途停站及停车时刻，经过的隧道、桥梁、渡海等线路概况，以及上水、吸污、垃圾投放等作业情况。熟悉本岗位相关应急处置流程，具备应对突发事件能力。

12. 基础管理

12.1 管理制度健全，有考核，有记载。定期分析安全和服务质量状况，有针对性地进行具体整改。

12.2 按规定配置业务资料，内容修改及时、正确。除携带铁路电报、客运记录、车内补票移交报告外，车上不携带其他纸质资料台账。

12.3 各工种在列车长的领导下，按岗位责任各负其责，相互协作，落实作业标准，有监督，有检查，有考核。

12.4 业务办理符合规定，票据、台账、报表填写规范、内容准确、完整清晰。配备保险柜，营运进款结算准确，票据、现金及时入柜加锁，到站按规定解款。

12.5 客运乘务人员配备统一乘务箱（包），集中定位摆放；洗漱用具、茶杯等定位摆放。

12.6 库内保洁作业纳入动车所一体化作业管理，动车所满足一体化吸污、保洁等整备作业条件。

12.7 备品柜、储藏柜按车辆设计功能使用，备品定位摆放。单独配置的备品柜与车身固定，并与车内环境相协调。

12.8 定期开展职业技能培训，培训内容适应岗位要求，评判准确。

参 考 文 献

[1] 崔鸿嵘. 铁路客运服务礼仪 [M]. 北京：中国铁道出版社，2016.
[2] 董正秀，张苏敏. 铁路客运服务礼仪 [M]. 北京：中国铁道出版社，2015.
[3] 刘克芹. 现代社交礼仪 [M]. 北京：经济科学出版社，2010.
[4] 徐行. 客户服务礼仪 [M]. 北京：中国铁道出版社，2010.
[5] 张岩松. 现代服务礼仪 [M]. 北京：北京交通大学出版社，2010.
[6] 陈伟国. 列车长乘务工作手册 [M]. 北京：中国铁道出版社，2013.
[7] 百度搜索.

参考文献

[1] 陈振威. 古建筑工程专业综合[M]. 北京: 中国建筑出版社, 2016.
[2] 省建设厅. 省质监局. 建筑装饰装修工程质量验收规范[M]. 北京: 中国建筑工业出版社, 2015.
[3] 刘临安, 卷平章. 古建筑[M]. 武汉: 华中科技学出版社, 2010.
[4] 田永夏. 古代建筑与装饰[M]. 北京: 中国电力出版社, 2010.
[5] 李允鉌. 现代建筑木作[M]. 12本. 重庆: 重庆大学出版社, 2010.
[6] 陈志华. 古代乡土建筑工匠艺理[M]. 北京: 中国林业出版社, 2013.
[7] 侯王波.